Lisa Elsässer

Fremd gehen

Roman

EDITION BLAU

Belletristik im Rotpunktverlag

Dieses Buch erscheint mit finanzieller Unterstützung von

KANTON URI
SWISSLOS

Südkultur

Der Verlag bedankt sich hierfür.

www.editionblau.ch
www.rotpunktverlag.ch

Umschlaggestaltung und Satz: Patrizia Grab

Umschlagbild: photocase / maria_a,
Montage Widmer & Fluri, Zürich

ISBN 978-3-85869-714-1

1. Auflage 2016

Diese Narren, die glauben, Treue sei,
wenn das Leben aufhört und sich gleichsam
in den einen festgebissen hat. Sie bringen sich
nicht nur um das gemeinsame Leben,
sondern sogar um das Leben überhaupt.
Wenn es nicht so gefährlich wäre,
sollte man der Welt doch einmal erzählen,
was eine Ehe wirklich ist.

Hannah Arendt

Spätherbst 2008

Es war bei ihren tagelangen Wanderungen durch dichte Auenwälder, durch Herbstfarben, Blätter, die teils den Boden wie einen Teppich belegten und teils noch in den Bäumen hingen, über Lichtungen, am Ufer sehr träger Flüsse, die stillzustehen schienen, wenn sie an ihnen entlangliefen; blieben sie einmal stehen, sahen sie, dass das Wasser nicht stillstand und darauf die Herbstblätter wie Mosaikfetzen aus Papier oder Stoff schimmerten, die Mühe hatten, sich zu einem schönen Ganzen zu fügen – dort, auf dem Weg im Wald erwogen sie zum ersten Mal die Trennung.

So unverständlich wie der Anfang war, so unverständlich wird das Ende sein, sagte er.

Sie schaute auf den Fluss, schaute ihm in die Augen, und zwischen Augen und Fluss schienen die Wochen, die Monate, die Jahre auf wie nicht vergangene Zeit. Durch die hohe, halb entlaubte Buche sah sie das unverschämte Blau des Himmels, die Kondensstreifen eines Flugzeugs, von dem sie nicht wusste, ob es sich im Sinkflug befand oder in höhere Höhen zu fliegen bestrebt war.

Sie lehnte sich an ihn, er hielt sie mit beiden Armen umschlungen. So standen sie eine Weile da und liefen dann weiter, vertraut und in die Vorstellung eines Endes versunken, an das sie beide nicht glauben wollten und das die Kraft eines vom Wind getriezten Halms hatte.

Vor-stell-bar: Un-vor-stell-bar! Und doch – ja, dachte sie.

In den verbleibenden Tagen sprachen sie nicht mehr darüber, aber sie erinnerte sich an die Schnittstellen, wo die

E-Mails zu Briefen, die Briefe zu Liebesbriefen wurden. Es war ihnen passiert, wie den Bäumen im Frühjahr die Blätter, im Sommer die Früchte, im Herbst die Farben passieren. Ganz natürlich. Nur kamen die Bäume nicht auf andere, verrückte Ideen. Selbst in ihrer großen Nacktheit nicht. Sie waren zufrieden mit sich und der Welt und warteten auf den nächsten Frühling.

Das war der Unterschied!

Man sollte in der Liebe bei den Briefen bleiben, hatte sie einmal geschrieben. Ob das wieder möglich war, das wusste sie nicht.

Zu Hause setzte sie sich an ihren Schreibtisch, ordnete die von Hand geschriebenen Notizen, die E-Mail-Briefe, das ganze schriftliche Durcheinander, das sie vor ihrer Reise über den Atlantik in eine große Mappe gesteckt und im Schrank versorgt hatte, und las die in der Großstadt in den Laptop eingetippten und nun ausgedruckten Versuche wieder.

Sie versuchte akribisch, die Chronologie der Ereignisse herzustellen, was ihr nur mit großer Mühe gelang. Tag für Tag, Woche für Woche erlebte sie die jetzt geschriebene Geschichte wieder.

Zum ersten Mal hatte sie die Kraft, zwei ganz verschiedene Leben zu leben. Das nach außen gerichtete und das im Innern geführte, ohne dass sich die beiden in die Quere kamen. Sie hatte ihre tagelang verlorene Beherrschung wiedergefunden, die ihr im Verlauf des wirklichen Geschehens abhandengekommen war.

Als sie mit den Aufzeichnungen fertig war, rief sie ihren Geliebten an.

Magst du unsere Geschichte lesen?, fragte sie, und er sagte Ja.

Sie schickte ihm das Manuskript per E-Mail.

Dann löschte sie alle Briefe, löschte sämtliche Dateien, fuhr den Computer herunter. Die Mappe verbrannte sie mit einigen dazugelegten brennwütigen Holzscheiten, hörte dem Knistern zu, sie fühlte sich apathisch und leer.

Frühling 2005

> Das sind ja wunderbare Nachrichten: In dieser faszinierenden Stadt werden Sie Monate verbringen, da läuft mir das Wasser im Mund zusammen. Ich war da auch mal für Monate, an einer Sprachschule, allerdings war es für mich vielmehr eine Stadtschule, bei der die Sprache etwas beiseite blieb. Ich wollte unbedingt das Untergrundsystem begreifen, um mehr in Konzerten und Theatern sein zu können, und so blieb eben das Lernen immer eine Option für verregnete Tage. Es hat aber dort die ganze Zeit nicht geregnet, aber das ist schon Jahre her, und letztes Jahr war ich dort für einen Monat an einem »Wiederholungskurs«, und es hat nur geregnet, jeden Tag nur Regen, und ich saß nur hinter den Büchern, und doch merke ich jetzt, dass ich trotz der Wiederholung bereits alles wieder vergessen habe ...

schrieb sie ihm.

Er schrieb zurück:

> Im Moment aber geht es mir wie Ihnen damals, auch ich verliere mich in der großen Stadt nur allzu gerne. Ich

wandere und wandere, taumle umher, beobachte und betrachte, höre zu, sitze, warte, rieche, spüre Sonne und Wind, imaginiere mich in die unwirklichsten Gebäude hinein, träume die Geschichten der Menschen und Dinge, ganz unerklärlich untouristisch, bleibe hängen, Gedanken bleiben an mir hängen, füllen mein Notizbuch mit ganz unerwartet anderem. Und wie sollte ich das nicht zulassen...

Der Frühling war da. Obwohl die Sonne noch immer tief stand – Augenhöhe sagte sie dazu –, hatte ihr Licht bereits die Kraft eines Versprechens, das sich zunehmend an sein Wort hielt.

Es hatte schon viele Frühlinge gegeben, schon viele Versprechen, und oft hatte sie erlebt, dass sie nicht hielten, was sie versprachen. Das Versprechen blieb wie gefroren und erstarb im ersten Tau. Und Frühlinge haben manchmal eine sehr lange Leitung, die erst dann auftaut, wenn Gewitter an ihr scheppern und der Wintermantel von einem Tag auf den anderen ein Witz wird.

Dieser Frühling war entschieden anders. Eigentlich fing er schon im September des Vorjahres an. Das war in diesem Jahr seine Verspätung oder seine Eile. Er freundete sich mit dem Herbst an, mit dem Winter, der in diesem Jahr außerordentlich milde war, als ob er den Frühling neben sich nicht nur duldete, sondern ihn mitgenommen und geradezu lieb gewonnen hätte. Schon Ende Januar oder Anfang Februar krochen die ersten Buschwindröschen aus dem Laub und bald darauf die Schneeglocken, die im leichten Wind ihre Köpfe einander zuwandten, denn sobald etwas Neues in der Luft liegt, flüstern sogar die Blumen. Sie hatten genug Grund, einander Dinge zuzuflüstern. Und auch den Igel sah sie über das Gras gehen. Abgemagert und auf der Suche nach erster Nahrung nach dem Winterschlaf.

Sehr geehrter Lino K.,
darf ich Sie bitten, mir nochmals Ihre E-Mail mit Ort und Zeit der anberaumten Veranstaltung zu schicken? Sie ist irgendwie zwischen afrikanischen Büffeln und Elefanten verschwunden oder in einem Krokodilmaul gelandet, die Tiere hier fressen alles …
Vielen Dank und herzliche Grüße

Sie erinnert sich nicht mehr genau, wie es angefangen hat. Erinnert sich aber gut, ihn in diesem Frühjahr während ihrer Afrika-Reise schriftlich kontaktiert zu haben und ihn dann nach ihrer Rückkehr bei einer Tagung, die Thomas Bernhards *Kalkwerk* thematisierte, erlebt und kurz mit ihm gesprochen zu haben.

Ein schöner Mann mit einer sonoren Stimme und dunklen, freundlichen Augen. Sie muss wohl einmal hinein geschaut haben, in dieses freundliche Dunkel seiner Augen. Mehr war nicht. Der Frühling kam, der Sommer und der Herbst würden auch kommen. Und der Mann ist da und der E-Mailverkehr, den er schon nach einigen hin- und hergeschickten E-Mails als Briefverkehr bezeichnet haben wollte. Vielleicht hatte sie ihm nur geschrieben, dass es Eindrücke, Erlebnisse gibt, die einem bleiben. Dass diese Tagung, an der er maßgeblich beteiligt war, sie für die Werke von Thomas Bernhard, die sie alle vor Jahren geradezu verschlungen hatte, erneut zu begeistern vermochte. Sie hatte die Angewohnheit, sich immer für Dinge zu bedanken, die ihr nicht selbstverständlich schienen. Sie hatte die Selbstverständlichkeit, sich auch für Dinge zu bedanken, die bloß den kleinsten Schein erweckten, verdankt werden zu müssen. Zum Dank dafür erntete sie manchmal eine nichtige Geste, zum Beispiel ein Handerheben vom sogenannten Dankempfänger, dem dieser Dank wie eine lästige Fliege schien und die er so vertrieb.

Oder vielleicht war es eine verhinderte Ohrfeige, weil gerade eine Fliege dazwischenflog? Sie glaubt manchmal allen Ernstes, an einer Dankesneurose zu leiden, aber sie lebt mit ihr vollkommen glücklich. Es käme ihr nie in den Sinn, etwas dagegen zu unternehmen. Sie denkt oft, dass eigentlich wesentlich mehr Leute unter einer Dankesneurose leiden müssten.

Und sie unternahm auch gar nichts, die plötzliche Anwesenheit dieser Briefe infrage zu stellen. Ihren E-Mailverkehr nannten sie nach kurzer Zeit Briefverkehr, weil ihnen die Briefe schön und sorgfältig geschrieben schienen, somit nicht das Wort E-Mail verdienten. Fast wie von Hand geschriebene Briefe.

Er wohnte in dieser Stadt als Gastdozent mit kleinem Pensum an einer Universität, um, wie er sagte, ansonsten nichts zu tun, als zu erfahren, was sie mit einem anstelle. Nirgends funktioniere das besser als in der Großstadt, wo dem eigenen Ich nicht zu entkommen sei. Die Straßenhöhlen führten einen direkt in die eigenen Höhlen, die Hochhäuser spiegelten das Kleinsein in geradezu prachtvoller Überhöhung, Flüsse trieben einen durch ihren steten Lauf in den Wahnsinn, weil genau da ersichtlich werde, dass man dem eigenen Quellgrund nicht wirklich entkomme, noch immer auf der Suche nach dem guten Fluss sei, ganz zu schweigen von den Parklandschaften, in denen die küssenden Paare nicht unbedingt gewillt waren, sich mit ihm auf ein Gespräch über das Nichtstun einzulassen.

Sie aber wohnte schon immer und für immer in der Pampa. So sagte sie das, wenn jemand nach ihrem Wohnort fragte: Eigentlich wohne ich an keinem Ort, sondern nur unter seltsamen Leuten.

Lieber Lino K.,
vielleicht muss man auf Reisen gehen (wie Sie), in unwirtliche Landschaften, in Geschichten hinein, deren Geister jederzeit erscheinen, wenn man sie ruft (oder auch nicht), um so das eigene Ursein wieder zu hinterfragen, anzuregen, in Gang zu bringen und zu beleuchten, um irgendeine Verbindung herzustellen mit dem Jetzt. Ja – ich glaube, man muss auf Reisen gehen. So wie die Träume, die hie und da ganz ohne Ausweis die Zölle durchschreiten und munter eine Fremdsprache als die eigene reklamieren. Im Urwald sitzen diese Träume einfach bei den Affen und parlieren mit ihnen. Gut und wahr. Die fehlen zwar auch hier und in der Realität nicht, aber meistens fehlt dann die grüne Lunge rundherum.
Wie geht es Ihnen? Ich nehme an, dass dem ersten großen Flash der Großstadt auch der erste kleine Tauchgang folgen kann. Die Untergrundfahrten! Wie soll ich mir das alles vorstellen? Sind Sie glücklich?
Julia

Liebe Julia H.,
ja, ich bin hier eigenartig glücklich; dazu gehört so vieles, nun auch Ihre Briefe, die mit mir durch diese Stadt gehen, eine Art Nachhall von Schritten im Neuland. Es ist auch ein Glück, alles ganz für sich allein zu haben, alle Dinge und die Insulaner um einen herum anzusehen wie ein kleiner Kolumbus. Sprache und Bilder aufzufinden. Das Merkwürdige auszuloten, zum Kauz zu werden. Ich lese viel, gerade die vielen verschiedenen Gedichtübersetzungen von Beckett.
Nun, ich bin ja erst die zweite Woche hier, also lässt sich über ein nächstes konkretes Projekt eigentlich noch jämmerlich wenig erzählen. Aber wieso Sie mit solchem

Arbeitsunsinn weiter belästigen, Sie wissen ja genauso, wie es ist, das Spannungsfeld von Ehrgeiz und Müßiggang auszuhalten.
Ich grüße Sie herzlich
Lino

Die Postzustellung funktioniere komischerweise aus der Großstadt zu ihr hin besser als umgekehrt, schrieb er ihr, als sie ihn einmal, nach längerer Zeit, in einer E-Mail auf seine Nichtreaktion auf einen von ihr postalisch verschickten Brief ansprach.

Sie hatten angefangen, einander auch Postkarten, kurze Nachrichten zu schicken, von denen ihn einige oder die meisten nie erreichten, was umgekehrt nie der Fall war. Das ging so weit, dass sie den Postbeamten am Ort verdächtigte, ihre Briefe an ihn gar nicht abgeschickt, sondern sie gelesen und sogleich zerrissen zu haben, weshalb sie größere, auch anonymere Ämter aufsuchte, wo sie sich nicht schon am Schalter für den falschen Adressaten entschuldigen musste und sie nicht bei der immer gleichen Frage: A oder B?, rot werden musste, wenn sie laut und deutlich A sagte und es doch schon in diesem Moment sehr genau wusste, dass der Brief deshalb nicht schneller dort war. Sie hielt diesen einzigen Schaltermenschen für verdächtig, weil sie jedes Mal sah, dass er bei diesem von ihr bestätigten A grundlos zusammenzuckte, als ob die Frage des zu bezahlenden Portos seinen eigenen Geldbeutel betroffen hätte, als ob er den Adressaten bereits bei sich als ungültigen Empfänger abgestempelt hätte und ihn die zunehmende Regelmäßigkeit irritieren würde. An Orten, die in etwa so klein wie Postämter sind und in denen ein Zeitungskiosk Jahr für Jahr mehr in die Wanderwege wächst und auch für Kühe und Kälber zugänglich wird, an solchen Orten sind die Leute besonders aufmerksam!

Und sie fragt sich auch jetzt noch manchmal, was mit den nie angekommenen Briefen wohl passiert sein mochte.

Zum ersten Mal in ihrem Leben war sie über die Elektronik richtig glücklich, der sie lange Zeit nicht das geringste Vertrauen entgegengebracht hatte, von der sie oftmals so zum Irrsinn getrieben wurde, dass sie mehr als einmal dachte, demnächst in einer dafür zuständigen Klinik zu landen. Kein einziger Brief ging auf diesem Weg verloren. Sie öffnete jeweils das Postfach, und schon fielen ihr zehn in die Augen. Der Pöstler des Dorfes konnte draußen ruhig so lange warten, wie er wollte, wenn er ihr ein Paket brachte, denn sie war wieder beim Lesen der Briefe, die nicht er ihr zugestellt hatte.

Ungefähr vier Wochen lang gingen harmlose, auch witzige Briefe zwischen ihnen hin und her, und sie waren erstaunt darüber, dass sie anfingen, sich Dinge aus dem Leben zu erzählen, die man sich sonst nur im persönlichen Gespräch erzählt, im Gegenübersitzen, wo sofort sichtbar wird, ob das Erzählte zumutbar ist oder nicht. Wo ein Wimpernschlag, ein Augenkneifen einen sofort zum Schweigen bringen kann oder ein lachender Mund zum Reden. Aber sie sah und hörte das auch so: seine Wimpernschläge, sein Lachen, und beides machte sie nun manchmal seltsam schweigend, weil das so nah Gefühlte ihr so fern schien.

Sommer 2005

Den ganzen Tag war ich auf einer langen Wanderung in den Bergen unterwegs, und alles andere wird dann immer so klein angesichts der grauen, heute wunderbaren, sonnenbeschienenen Riesen. Und dass man plötzlich wieder zwischen Kühen und Rindern steht, zwischen schwarzen Schafen und weißen Ziegen, ist doch auch ein Riesenglück. Ich möchte ja nur eine kleine Gegenwelt zum städtischen Riesenrad herstellen, obwohl vermutlich an den Eingängen der U-Bahn, in den Parks auch farbige Schweizerkühe aus Plastik stehen ...
Pfefferminze sah ich, Pilze, und bei einer Rast beim kleinen Alpenhof die frisch gemolkene und noch schäumende Milch in den Eisenbehältern, aber ich wäre nicht auf die Idee gekommen, diesen Tag in den Bergen damit abzuschließen, Milch zu trinken. Es war ein Glas Wein und ein Stück würziger Alpkäse, dazu kräftiges, dunkles Brot!
Herzlich
Julia

Lieber Lino,
die Anrede wird immer kürzer, merke ich gerade. Aber manchmal stimmt das Unverschämte einfach besser ...

Liebe Julia,
unverschämt wie ungewohnt tue ich es einfach nach, probiere es aus, wie so vieles hier auch ...

Liebe Julia,
nun, wenn ich von der eigentümlichen Nachbarschaft von Kühen und Riesenrädern lese, dann denke ich belustigt, derart schrecklich kann es doch gar nicht zugehen auf dieser Welt, höchstens absurd, grotesk. So ist das Gastdozentendasein letztlich auch eine äußerst merkwürdige Sache, die sich am besten ab und zu mit einer Campus-Party närrisch kundtut ...
Hier regnet es so, dass man sich den ganzen Tag feucht und nass vorkommt. Vielleicht sieht man deswegen die meisten Einwohner ohne Schirm und Regenjacke – es nützt ja sowieso nichts bei dieser kalten Nässe. Alles vom Himmel gefallene Frösche? Aber wer vor dem Regen in die Bars flüchtet, dem dröhnt aus den Lautsprechern eine andere Erklärung um den Kopf. »The city is a cayman«, singt da einer, »okay, okay, really man.« Ein Bild, das wohl ins hiesige Bankenviertel mit seinen tragetaschengepanzerten Angestellten gut passen würde, aber an den Bartresen sind es doch eher harmlose Frösche, die mit Saugnäpfen an ihren Biergläsern kleben, während sie den Regen aus den Kleidern schütteln. Ach, da wird mir ja jede Zeitung nass. Aber draußen lässt sich eben auch nicht mehr lesen und schreiben, da wird alles zur gefährlich schmierigen Downtown Street. Oder sollte man da einfach im braunen Fluss angeln gehen? Hab vielen Dank für Deinen nun endlich mit der Post eingetroffenen mich berührenden Brief, ob dessen wunderbar jugendlicher Anrede-Unziemlichkeit mir ein Walseriges Kichern entfuhr.
Ich merke, das viele Durcheinandertrinken dieser Party heute hat doch den Geist erheblich ermüdet. Aber es war sehr schön! Wunderbare Gespräche, was will ich mehr.
Herzlichst
Lino

Lieber Lino,
Deine einverleibten Mixgetränke werden nun wohl wieder ausgeschieden sein, wenn Du das liest. Aber wie ein Freund mir einmal sagte, als wir es zusammen ganz arg übertrieben mit dem Wein: Die Leber wächst an ihrer Arbeit. Ist das ein Trost für Dich?
Ich möchte jetzt am liebsten im Wald verschwinden, in diese Geborgenheit der Stille, im Unterholz wühlen, das Moos betrachten, an Menschen denken, die das Geheimnis Leben mit einem teilen.
Julia

Herbst 2005

Die Wirklichkeit hatte plötzlich andere Farben. Sie war nicht mehr daran gewohnt, damit umzugehen. Jedes genaue Sehen jetzt erinnerte sie an ein Kind, das vor einem weißen Blatt sitzend mit einer unerschütterlichen Spontaneität einen Berg violett oder rot zeichnet, rote, blaue Berge zeichnet, auch wenn sie ganz dunkel sind. Aber manchmal sind ja die Berge wirklich rot, und sie errötete ganz leicht darüber, den Berg der Wirklichkeit wieder in dieser Farbe zu sehen wie ein Kind.

Später zog leichter Nebel auf, der die Glut in eine zarte Farbe verwandelte, um dann kurz darauf wieder ins übliche Grau zu wechseln, über das es nichts zu schreiben gab. Über Gewöhnliches schreibt man in diesen Briefen nicht, dachte sie, und Tage danach, als er sie dazu geradezu ermunterte, schrieb sie:

Lieber Lino,
ich schreibe es mir hinter die Ohren, dass ich also auch über totale Banalitäten schreiben darf. Das ist schön.
Julia

Banalitäten, das hieß für sie, über das nun fehlende Kindergeschrei zu schreiben, das sie manchmal geradezu vermisste, weil sie den Anschluss an ihre Tätigkeit als Buchhändlerin noch nicht wieder gefunden hatte, ihn eigentlich nicht mehr finden wollte, sich liebend gerne noch einmal in etwas ganz Neues hineinbewegen würde, obwohl ihr das genau so banal erschien, wie von Kochzutaten zu sprechen oder überhaupt von einem nicht gelungenen Tag, von der Tatsache gewichtsloser Dinge und von der eigentlichen Schwere, sie als genau das zu betrachten, anzunehmen.

Sie las die Briefe früh am Morgen, ein Ritual von Anfang an, zwischen Nachtschwund und Tagwache. Er schrieb den letzten Brief an sie immer in der Nacht, wenn es draußen wohl keine großen Veränderungen mehr gab, außer vielleicht Regenfall oder das Singen eines Vogels zur falschen Zeit. Sie las die Briefe jeden Tag mit der gleichen Aufmerksamkeit, mit der gleichen Freude, die einer doch leise sich einstellenden Begierde gleichkam. Sie las sie wie die Fortsetzung einer Geschichte, und sogleich nach dem Lesen schrieb sie an ihrer Geschichte weiter und sandte sie ihm, bevor die Geräusche im Haus vernehmbar wurden, eine Dusche im hinteren Teil rauschte, ein Fensterladen aufgestoßen wurde, sie in die Küche ging, um Frühstück zu machen, und sie sich in den Alltag hineingesellte wie in einen nimmermüden Wind, der ihr manchmal heftig, dann auch wieder milde um die Ohren oder das Gemüt strich.

Sie nahm die Unterschiede zu dem, wie es noch vor Wochen in den Briefen gewesen war, klar und deutlich wahr, was aber nicht hieß, dass sie diese Veränderungen auch verstehen konnte. Wenn sie genau hinspürte und sich fragte, was dabei mit ihr geschah, geschehen könnte, merkte sie oft, dass sie überhaupt nichts mehr verstand, am wenigsten sich selber, und sich jede Antwort schuldig blieb. Sie spürte dieses Fieber zuerst wie eine beginnende, leichte Krankheit, wie eine Erwärmung durch einen Virus, wie ein Geheimnis, das sie mit sich herumtrug und das keinesfalls zu verraten sie sich große Mühe gab. Weder mit einem Schnupfen noch mit glänzenden Augen noch mit Rotwerden. Sie wusste plötzlich nicht mehr, wann sie zum letzten Mal ein Geheimnis mit sich herumgetragen hatte.

Vielleicht als Pubertierende, wo sie abends im Bett dem ersten, ihr bei einer Schlittenfahrt geschenkten Kuss nachglühte, ihn immer wieder auf ihren Lippen spürte und auch den Schnee, der in diesen Kuss hineinwehte, diesen kalten, überraschend brennenden Kuss, dem kein weiterer folgte. Gut verschlossen blieb er im Geheimfach dieser pubertären Anwandlung.

Das plötzlich sehr frühe Aufstehen erklärte sie allen mit den Hormonveränderungen, das frühe Zubettgehen mit dem in letzter Zeit schwer zu findenden oder auch gestörten Schlaf. Aber eigentlich war sie noch nie ein Abend-, sondern immer ein Morgenmensch gewesen, und so fielen denn auch diese, ihre Besonderheiten nicht als große Besonderheiten auf, sondern höchstens als intensivere Pflege dieser Besonderheiten.

Ihre Kinder zogen sie manchmal auf und sagten: Warum gehst eigentlich nicht du für uns in der Früh zur Schule, zur Arbeit, zur Uni?

Sie schrieb ihm, wenn das so weitergehen würde mit dem Früherwachen, melde sie sich demnächst als Käserin auf einer Alp, und er schrieb, dass er dann der Erste wäre, der von ihrem selbst gemachten Käse probieren würde.

Wie konnte das nur geschehen?

Huch, jetzt sehe ich plötzlich, wie spät es ist, und ich habe noch gar nicht gesagt, dass es hier regnet, die Notizen wachsen zu Wolken, Tieren (ja, zuerst dachte ich, es gibt gar keine Tiere in dieser Stadt; allmählich sehe ich, wie diskret sie sich hier bewegen; es ist, als hätten sie in ihrer Tierheit resigniert angesichts einer solchen Menschenmasse) und Wortmelodien (man hört hier ganz interessante Akzente und Wortfetzen). Davon später einmal mehr …
Es regnet hier immer noch furchtbar, die Katzen und Hunde sind längst in ihren Träumen, aber wenn ich das Zusammenspiel von fallendem Wasser und Wind genauer beobachte, so ist kein Regenschauer sich gleich. Das war mir gar nie so bewusst. Die graue Riesenwolke wölbt sich großartig zur Bratpfanne über der Stadt und kippt dann gleichmäßig ihren Inhalt hinunter. Was da nicht alles herausströmt. Heftigste Regengüsse, die wie flüssiges Glas niederrinnen und am Boden noch einmal fein zersplittern. Schaut man genau hin, so kann man kleinste Gletscherbäche beobachten. Und dann wieder ein Regen, der wie Blätter von den Birken fällt. Mal munter wie Musik, durchzogen vom tiefen Bass anfliegender Flugzeuge.
Vielleicht ist diese Stadt ein Aquarium, in dem sich alles, Mensch, Tier und Technik, wie Fische tummelt. Completely soaked. Und über einem, im Gewölk, ziehen die Flugzeuge wie stumme Haie ihre Runden.
Regengrüße
Lino

Auch hier ist das Wetter ziemlich übel. Kalt, und oben auf den Bergen liegt schon der erste Schnee. Ich habe Sehnsucht nach einem warmen Land...
Wie lange bist Du eigentlich in der Stadt? Und eine Nachteule scheinst Du auch zu sein. Wenn ich morgens um fünf, was mir nun oft passiert, aufstehe und im Wohnzimmer in Ruhe den ersten Kaffee trinke, aufs Handy schaue und sehe, dass Du gerade mal zwei Stunden im Schlaf liegst, muss ich lachen, denn bei mir fangen schon die ersten Gedanken an zu schwirren, z. B. wie ich dem Schreibtisch erkläre, dass ich eine Pause mache, dass ich am besten auf Reisen gehe, oder vielleicht das Allerbeste: mich nie mehr an sein Holz lehnen will wie an einen stummen Geliebten und zu ihm sagen: Ich gehe jetzt in die Fremde! Oder ich mache mir Gedanken, wie ich den langweiligen Kartoffelstock aufpeppen könnte, damit er nicht immer gleich langweilig aussieht...
Es ist ja seltsam, dass unserem Briefwechsel, unserem schönen, plötzlichen Finden, kein Geplänkel vorausgegangen ist. Da nährt sich (entschuldige den Ausdruck) etwas aus völlig anderen Quellen, und das finde ich gut, was uns selbstverständlich nicht daran hindert, die Liebe zur Sprache zu teilen. Es ist einfach schön, dass man vom nie Geträumten am Tag beschenkt wird. Also sozusagen vom Nichts!
Liebe Grüße!
Und ich hoffe, Du kannst die wunderschöne Gottesanbeterin auf dem Bild erkennen. Die erste und einzige, die ich je gesehen haben. Aufgenommen vor zwei Jahren in L.
Morgengrüße
Julia

Das ist ja ein sehr graziles Tierchen!
Lino

Vielleicht findest Du dort in der Stadt auf dem Markt Kakerlaken ... das sind nämlich auch schöne Tierchen!
Julia

Sie lebte in einem ganz normalen Gefüge, in einer Familienkonstellation, und in diesem ganz normalen Gefüge hatte ein solches Geschehen keinen Platz. Sie wusste aber auch, dass diese sogenannte Norm in den meisten Fällen nur äußere Form war, in deren Innern es heftig brodelte, wo sich Anpassung und Ausnahmezustand täglich begegneten wie Patienten auf dem Weg zur Besserung oder ihrem Gegenteil, aber an den Tisch gehörte das Reden darüber trotzdem nicht: Schweigen macht blind, dachte sie plötzlich, und sie dachte an alle, die durch dieses Schweigen und Blindwerden scheiterten, aber an den Tisch gehörte das nicht und schon gar nicht die Geständnisse vollzogener Taten, Dunkelraum aller Beziehungen. Trotzdem! Sie wollte auch blind werden und schweigen. Aber wozu denn? Es war doch gar nichts geschehen, außer dass sie am Morgen früher aufstand, ihren Cappuccino früher trank. Sie durfte doch wohl noch aus einer alten Gewohnheit eine andere, neue Gewohnheit machen.

Lieber Lino,
wenn ich Deine Briefe lese, ist es, als öffne man das Tagebuch eines Menschen, als blättere man durch die Seiten der eigenen Schrift, durch das gebündelte Vergessen und immer mit dem leicht zagenden Gefühl, etwas zu lesen, das einem nicht zusteht.
Seelenverwandtschaft?, fragst Du mich, und ich kann Dir

keine Antwort geben. Keine, die momentan stimmt. Keine liegt auf meiner Stimme, die zu tief liegt, im Dunkel, wie ein Geheimnis, das für sich bleiben will. In einem wohl spürbaren Leuchten – ja, leuchtend spürbar, mehr nicht. Ich kann dem tausend Namen geben, immer wieder neue, es will nicht benannt werden. Mal hüpft es, aber es will nicht Grashüpfer genannt werden. Mal liegt es da wie eine Träumerin, will diesen Namen aber nicht. Und meinen Fragen begegnet es mit einer Schwerhörigkeit, dass ich schreien müsste, was ich nicht tue, weil ich das Schöne nicht erschrecken will. Alles noch ruhig in der selbst gewählten Regulierung, und es will deshalb noch lange nicht Kühlschrank genannt werden. Nein, auf keinen Fall Gefrierfach! Ich habe es jetzt begriffen, dass ich nicht Johanna die Täuferin bin und auch nicht von Heuschrecken und Honig lebe, und manchmal trinke ich halt das Namenswasser selber und mir wird dabei ganz warm zu wissen, dass ich ein Geheimnis nicht verdursten lasse, das noch keinen Namen hat.
Lieber Lino, später mehr, ich muss jetzt in die Küche!
Mit lieben Grüßen, Du guter Freund in ferner Stadt
Julia

Wie konnte ihr das jetzt geschehen?

Sie hatte doch die Blutungen hinter sich, sie war eine postklimakterische Frau, eine Hormonverstörte. Im Gesicht die ersten Spuren vergänglicher Schönheit, und schön war diese Vergänglichkeit für sie nicht unbedingt. Sie ertappte sich manchmal bei richtig bescheuerten Gedanken: ihren Badeanzug mit einem Taucheranzug zu tauschen, denn Sonne vertrug sie definitiv nicht mehr, sagte sie sich, weil sie nicht über die Haut von Orangen sprechen wollte, über ihre Beine, die sich mit den Jahren so verwandelten, dass sie manchmal vor dem Spiegel einen Schreikrampf bekam. Oder sie trug das ganze Jahr über einen Rollkragenpullover, weil auch das Kinn auf dem Weg nach unten war, sie kaufte sich einen hochelastischen Miederbody, den sie nach dem ersten Tragen in den Abfalleimer warf, weil er überall ins Fett schnitt und sie kaum noch atmen konnte. Die Blutungen fehlten ihr nicht unbedingt, nur die damit in Verbindung stehenden Hormone, die plötzlich auch Haare an seltsamen Orten wachsen ließen, am Kinn zum Beispiel. Dafür gab es Pinzetten. Es gab aber eigentlich auch keine Gründe mehr, sich darüber aufzuregen. Wozu auch?

Ihr Mann durchquerte doch die gleiche Wüste! Nicht nur sie musste ihn immer öfter nach dem Namen der Dinge fragen, sondern auch er sie. Dem Welken der Schönheit setzte er die Schönheit der gleichen Erfahrung gegenüber. Ohne mit ihm ihre Spiegelbetrachtungen genauer zu erörtern, konnte er ganz lapidar sagen: Wir sind nun mal nicht mehr ..., und sie beendete den Satz: ... zwanzig, und fügte jedes Mal bei: Aber so schlimm steht es doch noch gar nicht bei mir, oder?, als ob es sie beruhigt hätte, wenn er auf ihre eigene Lüge auch noch seine draufgesetzt hätte. Tat er aber nicht! Bei der nächsten Frage nach dem Filmnamen, den er vergessen hatte, sagte sie irgendeinen Namen, gerade was ihr in den Sinn kam, nur nicht den richtigen. Und er lachte, schaute sie an und sagte:

Nein, ist überhaupt nicht schlimm, nicht die Namen, nicht das Vergessen, und wie wir aussehen sowieso nicht.

Das andere, das schon ordentliche Wurzeln bekommen hatte, ließ sich nicht mehr ausreißen.

Was sie plötzlich veranlasste, ihre Brüste vor dem Spiegel wieder genauer anzuschauen, ihre Oberschenkel zu kritisieren und bei jedem Glas Wein zu sagen: Das geht aber an das Bauchfett!

Warum wirkten die letzten Briefe – nach ungefähr tausend vorherigen an der Zahl – zwar immer noch harmlos, aber in dieser Harmlosigkeit nun doch anders auf sie, als wären sie irgendwie durch eine innigere Hand, eine zärtlich führende geschrieben worden, mit wärmerem Blut, gelenkigeren Fingern, oder so, dass sie bei ihr plötzlich ein stärkeres Herzklopfen verursachten und sie sofort dazu ansetzte, ihre Harmlosigkeit in ihren Briefen an ihn noch zu verstärken und zu verteidigen, auf eine Art, dass sie sehr angestrengt wirkte und man hinter dieser krampfhaften Harmlosigkeit buchstäblich das rasende Pulsieren fühlen konnte? Hinzu kam, dass die Regelmäßigkeit dieses Briefwechsels sie morgens in aller Früh aus dem Bett trieb, wenn das Haus noch ganz still war, der volle Mond am Himmel leuchtete und sie ein seltsames Glück spürte, das sie vorerst nur der Dunkelheit zu zeigen wusste, wie eine geheimnisvolle Hülle um etwas, das sie nur für sich spürte, nur für sich spüren und haben wollte. Eine Harmlosigkeit, die zunehmend das Nachtlicht liebte.

Es war September und schon lange hatte sie den sternenübersäten Himmel nicht mehr so wahrgenommen wie in diesem Jahr. Ohne astrologische Kenntnisse zu haben, sah auch sie jetzt plötzlich die Milchstraße, den Großen Wagen, den Bären. Sie betrachtete diese Veränderungen als eine ihr unwirklich scheinende, bloße Vermutung, der sie nicht mehr zugestehen wollte als ein wiederkehrendes Leuchten, das sich tags verflüchtigte wie nicht gewesen.

Er schrieb die Briefe am späten Abend, sie las sie sehr früh, wenn die Nacht langsam in den Tag überging. Ihre Antworten erreichten ihn am späten Morgen, seine Antworten darauf erreichten sie meistens am späten Nachmittag.

Ende September hatte sie mit ihrem Mann und Freunden Ferien geplant, und sie schlug dem Briefschreiber und vor allem sich selber vor, den Briefwechsel in diesen Tagen einzustellen. Sie konnte im Hotel ja das Bett nicht schon, wie sie das zu Hause tat, um vier Uhr morgens verlassen, um irgendwo in einer kalten, noch dunklen Lobby Briefe zu lesen, Briefe zu schreiben.

Pause, Pause, Pause, so geisterte das durch ihren Kopf, ohne dass sie wirklich begeistert war, etwas ruhen lassen zu müssen, das ihr gefiel und an das sie sich schon so sehr gewöhnt hatte, dass sie es nicht missen wollte, sodass sie sich schon vor der Reise beim Gedanken ertappte, ob sie sich wohl an ihren Vorsatz würde halten können.

Nun packe ich das Köfferchen, wir gehen für die paar Tage in die Berge. Aber ich weiß es jetzt schon: Deine Briefe werden mir sehr fehlen.
Robert Walser kommt mit. Er wird sich vermutlich im Grab umdrehen, dass er mit mir in die Sauna, ins Dampfbad und auf die Ruheliege muss, und sagen: Kann ich nicht zurück nach Bern.
Dir wünsche ich kreative Tage!
Mit lieben Grüßen und einem Ciao. Die Italiener sagen das ja auch zur Begrüßung
Julia

Also Sauna und Walser: so schlimm wie bei Ulises Lima, der in Roberto Bolaños *Die wilden Detektive* sogar unter der Dusche Gedichte liest, kann's ja nicht werden. Die verquollenen Bände mit tintig verfärbten Randnotizen gelten zunächst als »Opfer« eines Literaturaficionado, der selbst im stärksten Pariser Regen mit einem Buch in der Tasche flaniert. Es kommt also auf die Missverständnisse,

auf die Ausreden an. Und an einer solchen Flanier- oder in Deinem Fall Wanderausrede hätte Walser doch seine Riesenfreude gehabt.
Liebe Grüße mit auf eine gute Reise
Lino

Walsers Riesenfreude am Wandern packte natürlich auch sie. Sie wollte ihm doch wenigstens beim Wandern ebenbürtig sein. Aber an ihr Versprechen hielt sie sich trotzdem nicht. Ihr Vorschlag schien ihr plötzlich so absurd und irgendwie fremdbestimmt, dass sie dachte: Muss ich mir das jetzt von mir gefallen lassen!

Am dritten Ferienabend sah sie am Himmel den schönen Abendstern, zückte ihr Handy und schoss ein paar Fotos, schickte ihm das beste als Anhang einer kurz gehaltenen E-Mail:

I miss your letters and I miss you in your letters.
Julia

Sie konnte es sich verkneifen, das dritte auch noch zu schreiben: I miss you!

Dabei war auf dem Bild nicht mehr zu sehen als ein einziger kleiner, leuchtender Funke. Es hätte genauso gut der letzte Funke eines Feuerwerks sein können, die letzte verspätete *lucciola* im Jahr. Oder einfach ein ganz, ganz kleiner, in der Dunkelheit leuchtender Gedanke. Bei allen diesen Funken sah man den Himmel nämlich nicht. Auch nicht das Herz.

Sie setzte sich im Hotelbett beim ersten Kaffeegeruch auf, der sich aus dem Speisesaal auf alle Etagen verteilte und in die Zimmer kroch wie eine luftige Verheißung, zog sich dann leise an, um ihren Mann nicht zu wecken, und hielt es doch für angemessen, nun nach unten in die Lobby zu gehen, um dort den ersten Kaffee ganz alleine zu trinken, inmitten des Staubsaugergeräusches der Putzfrau und im *malocchio* der Receptionistin, die jeden Morgen sagte: Es is abä noch seh früh, gutä Frau!

Und später schrieb sie:

> Ich hoffe, lieber Lino, ich bin Dir nicht zu nahe getreten, mit den Zeilen nicht und auch nicht mit dem Stern.

Und er:

> Ja klar, liebe Julia, Du bist mir – so altmodisch das klingt – wie eine Muse zu nahe getreten. Aber ich glaube nicht, dass man das wirklich »zu nahe treten« nennen kann. Das ist eher Ausdruck eines tiefen, gewachsenen Vertrauens, das für einen Moment sogar vergisst, dass eine Notizbuchseite sich eigentlich ziellos festgehaltenen Beobachtungen und Formübungen verdankt und man dabei allein an sich als Lesenden denkt. Aber ich sehe Dich lieber schön verwirrt in den Winden stehen als irgendeinen noch ungeschriebenen, albernen Brief von mir für den jetzigen Moment vermissen. Und hab vielen Dank für Dein unglaubliches Echo auf die hingeschriebenen Gedichtzeilen, das mich natürlich so dankbar wie verlegen macht.
> Herzlich
> Lino

Unterwegs, auf den schönen Wanderungen dachte sie manchmal an die Briefe, an ihn, den sie nicht kannte, den sie ein einziges Mal an der Tagung gesehen hatte, angetan von der nachhaltigen Wirkung von Thomas Bernhards

Werk und begeistert von der überzeugenden, nun auch anderen möglichen Lesart, dass sie sich Wochen später dafür bei ihm bedankte, ihm vorschlug, einmal in der Stadt, in der er lebte und die sie selber aber nur von Besuchen, wenigen, kurzen Aufenthalten kannte, ein Glas Wein zu trinken. Sie war in diesen Dingen ganz pragmatisch veranlagt und wollte gleichzeitig diese Stadt näher und den ihr unbekannten Menschen besser kennenlernen.

Dass er zu diesem Zeitpunkt bereits nicht mehr auf dem Kontinent, sondern in einer anderen und, wie er schrieb, höchst aufregenden Stadt wohnte, das wusste sie nicht und das war weiter auch nicht schlimm, da ja dieses Glas Wein zu diesem Zeitpunkt nur als Geste des Danks gedacht war, mehr nicht. Sie freute sich lediglich darüber, dass sie diese höchst aufregende Stadt, in der er nun lebte, wesentlich besser kannte als seine nun von ihm verlassene Heimatstadt. Diese besuchte sie nun trotzdem und trank dort ganz alleine ein Glas Wein und dachte keinen winzigen Moment an ihn. Erst dann, als sie am Nebentisch einen grauhaarigen Mann etwas länger als nötig betrachtete und der plötzlich ganz entrüstet sagte: Verwechseln Sie mich gerade mit jemandem?

Aber für einen Briefwechsel braucht es nicht die Besonderheiten einer bestimmten Stadt, sondern nur den einen bestimmten Ort, den Schreibort, den Tisch, die Maschine und einen inneren Ort, der bereit ist zu wachsen, wie das Städte auch tun, Grenzen zu öffnen, über diese hinauszuschauen, was im fremden Inneren so vor sich geht.

So kamen sie sich nahe, kamen nur in den Briefen in eine Nähe, die geografisch besehen unendliche Ferne war. Das war das Beste für ihre Briefe, und nicht im Entferntesten dachten sie daran, jemals ein Zusatzwort vor das Wort Brief zu setzen.

Ein Briefwechsel, monatelanger Briefwechsel, und irgendwann wechselte bei diesen Briefen der Ton, wenn man bei dieser Art von unsichtbarer Hin- und Herfliegerei einen Ton überhaupt heraushören kann. Ja – man kann. Sie hörte ihn. Es klang anfänglich wie Regen, der auf Blätter fällt, ein Zittern erzeugt, das Selbstverständlichste also, das man, wenn man wollte, auch überhören, übersehen konnte. Sie las die Briefe, als hätten die Worte sie berührt wie Graupel aus einem vollkommen blauen Himmel. Sie erschauderte leicht und wusste, dass bei ihr etwas in Bewegung geraten war, dessen Grund sie nicht am Himmel finden konnte und ihn doch so gerne dort verortet hätte, weit weg und unerreichbar!

Sie konnte diese Töne hören wie einen längst vergessenen Song, an dessen Zeilen sie sich nun wieder erinnerte: I keep a close watch on this heart of mine … because you'r mine, I walk the line, an das ausgelassene Tanzen, dabei den ersten Liebesbrief in der zitternden Hand haltend.

Obwohl sie zunächst keinen seiner Briefe in den Händen halten konnte wie einen mit der Post versandten, war es doch so, als risse sie jedes Mal eilig einen von Hand geschriebenen Brief auf. Sie erinnerte sich an ihre vergangenen Tiraden über E-Mails, die sie als höchst unpersönliche Scheißbriefe zu bezeichnen pflegte. Von E-Mail-Briefen war bis anhin keine berührende Wirkung ausgegangen. Ganz im Gegenteil, sie waren ihr immer zuwider gewesen, sie löschte sie, mit wenigen Ausnahmen, nach dem ersten Lesen und dachte: Muss das sein!

Auch diese Briefe hätte sie jederzeit mit einem Klick löschen können: wie nicht erwartet, wie nicht erhalten, wie nicht geschrieben, wie nicht gelesen, und wegsehen hätte sie auch können und wieder ganz normal einbiegen in das brieflose Dasein, ganz ruhig zur normalen Tageszeit aufwachen, einschlafen, essen, trinken.

Was sie dann auch hätte tun können: weiterhin ganz unaufgeregt oder ganz gelangweilt oder auch wütend am Computer sitzen, arbeiten, was bei ihr hieß, sich an ihm abarbeiten, weil ihr Hirn nicht kompatibel mit diesem Ding war, es nie sein würde und doch auf ihn angewiesen war. Jetzt schloss sie plötzlich die Zimmertür, wenn sie am Gerät saß, und hörte sie jemanden aus ihrer Familie in die Nähe kommen, drückte sie sofort auf das rote Kreuz oben rechts und saß dann vor der dunkelblauen Blache wie vor einem tintenverwässerten Brief, und einmal, als sie mitten in einem Brief an ihren Briefschreiber steckte, den sie nicht unterbrechen wollte, schrie sie ihren Mann, der ins Zimmer gekommen war und ihr wie immer die Hand auf die Schulter legte, so laut an, dass er zusammenzuckte und die Welt überhaupt nicht mehr verstand. Sie beklagte plötzlich lautstark das Fehlen einer Privatsphäre, als ob sie jemals zuvor eine solche gefordert hätte.

Was ist denn nur in dich gefahren?, fragte ihr Mann, als er sich vom Schrecken erholt hatte.

Nichts, sagte sie, nichts.

Und es schrie leise in ihr weiter, als sie dann alle zusammen wie gewohnt am Tisch saßen, zusammen aßen und plauderten und sie nur noch an die Briefe dachte, an alle gelesenen und an alle, die noch kommen würden.

Marie, das jüngste ihrer drei Kinder, die nun auch erwachsen gewordene Marie sagte am Tisch: Wenn Blicke töten könnten! Sie schaute dabei in die Augen ihrer Mutter wie in die einer Wiederholungstäterin. So eine Scheißstimmung hier! Marie, die jede kleinste Spannung immer sofort spürte, der man nichts vorgaukeln konnte, schmiss einmal mehr kraftvoll und ganz selbstverständlich ihre Worte wie gerade gefangene, noch zappelnde Fische auf den Tisch, die es jetzt zu entgräten oder ganz einfach als Salz- oder Süßwasserfische einzuordnen galt.

Schon als kleines Kind war sie nicht zu scheu gewesen, ihr direkt ins Gesicht zu sagen: Du lügst, ich sehe, dass du lügst!, auch als es nicht wirklich um gezielte Lügen, sondern eher um das Kaschieren einer Not, einer Sorge gegangen war, die sie ihrem Kind nicht zumuten wollte, womit sie es aber umso mehr verstörte. Mit der Zeit lernte sie, dass sie bei Marie mit der Wahrheit viel besser als mit Ausreden dran war, und fiel doch immer wieder, ohne sich dessen bewusst zu sein, in ihre alten Engen zurück.

Marie war auf dem Weg, in die Fußstapfen ihres Vaters zu treten, der als Gartenbauingenieur ein florierendes Geschäft betrieb. Marie arbeitete dort, so oft es ihr Studium zuließ. Ihrer beruflich kreativen Verbindung lag auch und schon immer die Kreativität ihrer Beziehung zugrunde. Stundenlang saßen sie über Gestaltungsprojekten wie sie früher über Spielen sitzen konnten, diskutierten über Nutz-, Zier- und winterharte Pflanzen, Blumen, Gehölze, Obst, Gemüse, Sonderkulturen.

Euer Garten hätte auch mal wieder eine Erneuerung nötig!

Diesmal schaute sie in die Augen ihres Vaters und zwinkerte ihm dabei zu wie eine durchtriebene Hexe.

So, jetzt aber genug, Marie, beschwichtigte der Vater die Situation!

Sie war auf dem besten Weg, das Falsche zu tun, und es war richtig so. Sie hatte in ihrem Leben oft das Richtige getan, das sich mit der Zeit als das vollkommen Falsche herausstellte. Aber sie musste es halt so tun, damit sie richtig und falsch unterscheiden lernte und weil sich das nur vermeintlich Richtige oder Falsche erst mit der Zeit entpuppte, eine Erkenntnis, die sich Zeit ließ, eine zu werden. Sie musste etwas beginnen können, ohne das Ende einer Entwicklung wirklich zu kennen. Eine Raupe macht vermutlich genau dasselbe, dachte sie: Zeit durchleben, bis durch Verwandlung anderes entsteht. Sie hatte das bei den verschiedenen Berufen erlebt, bei Freundschaften, Beziehungen, und es konnte durchaus passieren, dass die Entwicklungen die umgekehrte Richtung nahmen, dass schönste Höhenflüge mit elenden Abstürzen endeten, das Überleben neues Überlegen forderte. Aber tot war sie nicht.

Das spürte sie an diesem Septembermorgen sehr intensiv. Wie eine von warmer Luft erzeugte Welle durchfuhr sie die Wärme eines Morgens.

Draußen hatte die Nacht ein leichtes, graues Tuch gewoben, das die Bergriesen einhüllte, und nur ihre Konturen waren noch sichtbar, und später, im ersten Strahl von der Sonne hingepinselt, ein sanftes Rot; wie verwässertes Blut sah die Glut dann aus.

Nebel sind ja seltsam, dachte sie. Zaubern sich plötzlich selber weg, als hätten sie genug von ihren eigenen Künsten, und das milchige Himmelblau war im Wandel begriffen zum Azur. Einen Augenblick dachte sie an kitschig illustrierte Kinderbücher, aber sie sah trotzdem keinen Grund, ausgerechnet diesem Morgen seinen Kitsch vorzuwerfen.

Sie stellte die Kaffeemaschine an, schäumte Milch auf, schob die Kapsel in die Maschine und drückte auf den Knopf, mischte das dunkle Gebräu mit dem hellen Milchschaum, setzte sich mit der großen Tasse aufs Sofa, trank genussvoll den Kaffee und las freudig den ersten Brief an diesem Morgen.

Sie spürte plötzlich, wie kalt ihre nackten Füße waren und dass es nicht mehr Sommer war, dass es jetzt länger dunkel war, das Licht sich verändert hatte und dass nichts mehr so wie im Sommer war, ja – auch das spürte sie.

> Liebe Julia,
> manchmal wälze ich mich halb beduselt aus dem Bett – das ist übrigens nicht dem Alkohol, sondern dem Umstand geschuldet, dass ich nicht mit dieser himmelherrgott-lauten Heizung schlafen kann, die viel zu heiß wird, die Tür kann man ja zum Ausgleich nicht mehr öffnen; und nun kämpft der Körper offensichtlich sofort gegen die Fußbodenkälte, die von unten steigt und steigt, also kurz: Deckenwärme gegen Matratzenkälte, also von diesem nächtlichen Kampf halb beduselt steige ich manchmal aus dem Bett und denke, heute möchte ich Dir alles sagen können. Alles auf einmal. Und wie bei einem vollen Mund kommt nur ein geatmetes A heraus. Nun, das ist aber sehr wenig. Vielleicht müsste ich Dir auf diese Art ein Alphabet hinsprechen.

Sie las den Brief mehrere Male, war berührt von seinem Vertrauen, ihr alles erzählen zu wollen, erstaunt, wie sehr sich dieser Briefkontakt, die Briefe in der Zwischenzeit verändert hatten und sich bei ihr trotzdem Freude und Unbehagen immer wieder in schneller Abfolge ablösten, zwei sich gegenüberstehende Gefühle, wo eines das andere zu beschatten suchte, um nicht plötzlich einem hellen Licht ausgesetzt zu sein, was nichts anderes geheißen hätte, als beides richtig, im richtigen Licht sehen zu können.

Sie vermutete hinter den schönen Zeilen seinen Versuch, nicht mit der Tür ins Haus zu fallen, sondern nur am Zaun zu stehen, ihre Reaktion abzuwarten, zu warten, ob sich etwas regte hinter der Abschirmung, sie sich zeigte, ein ganz leises Zeichen von Entgegenkommen, vielleicht ein schriftliches Erröten oder so. Ja – wirklich ein schriftliches Verfärben, weil es die Mündlichkeit bis anhin nicht gab, nicht den leisesten Hauch von einem direkten Gegenüber.

Ein einziges Mal hatten sie sich gesehen, Monate lag das zurück, und damals bestand nicht der geringste Grund zu erröten, sie hätte höchstens vor Neid über seine Veranstaltung erblassen können. Aber sie tat nicht mal das. Sie blieb bei ihrer gewohnten Farbe, und weil Frühling war, war es gerade das gewohnte Frühlingsblass. Und mehr war da nicht als freundliche Begegnung, die über Nacht wieder verblasste wie der Mond am Morgen, wie der Briefschreiber tagsüber. Und später, als sie sich bei ihm mit einem kleinen Gedichtband bedankte, schrieb er, sehr froh darüber gewesen zu sein, dass es nach der Veranstaltung keine persönlichen Verabschiedungen gegeben habe, denn er hätte sich seiner Müdigkeit geschämt.

Und falls Sie einmal auf einer Ihrer vielen Reisen zufälligerweise in diese Stadt hier kommen, würde es mich sehr freuen, Sie zu sehen, um mich dann bei einem Glas Wein von Ihnen zu verabschieden.
Lino K.

Sie lachte darüber, weil sie diese Idee des Verabschiedens lustig und schräg, außergewöhnlich fand. In eine fremde Stadt zu gehen, um sich dort von einem mehr oder weniger Fremden in einem ihnen komplett unbekannten Lokal zu verabschieden, das hatte für sie den Reiz einer

Überquerung der Straße bei Rot. Genau so. Sie dachte auch an eine U-Bahn-Station, und dass sie da gar keine Bahn nehmen, sondern auf einer Bank ganz gemütlich einen Weißwein trinken würden, eine Zigarette dazu rauchen und zusehen würden, wie die Leute ein- oder ausstiegen, Massen von lauter einander Unbekannten. Aber vermutlich hätten sie sich auf der U-Bahn-Station auf verschiedenen Gleisen gegenübergestanden, mit dem Bahnschacht in der Mitte. Aber an das dachte sie erst viel später, als sie sich einige Male schon gesehen hatten und sich manchmal sehnsuchtsvoll gegenüberstanden, als wäre ein Graben in ihrer Mitte.

So fing der Briefwechsel an. Das Sie verwandelte sich ins Du. Leichte, schöne Briefe, und sie übersah dabei auch nicht ihre zurzeit eigene und mit den schönen Briefen verwandte Leichtigkeit.

Das Anstoßen auf die neue Form der Anrede geschah sozusagen in der Luft, ganz ohne Glas, ohne Blickkontakt. Vielleicht waren unterwegs ein paar Wolken, was man einem Briefpaar in die Luft legen konnte, das im Begriff war, das All zu erforschen. Das war dann aber auch alles.

Sie kannte das Briefgegenüber nicht. Er schrieb von seinem Leben dort und sie schrieb von ihrem Leben hier. Still wie Fische unter Wasser umkreisten sie sich, bewegten sich und ihre Leben nur in den Briefen aufeinander zu.

Sie sah an den Briefen, dass er ein Nachtmensch war. Manchmal, um vier Uhr in der Früh, wenn sie am ersten Brief an ihn war, war kurz davor erst der letzte Brief von ihm angekommen. Aber er schlief dann, zumindest dann, wenn sie den Brief beendet hatte und fortschickte. Das konnte gut zwei Stunden dauern, bis sie erzählt hatte, bis sie reagiert hatte auf das, was er ihr schrieb.

Bei ihr begann nach dem Abschicken der gewöhnliche Tag: Ehe, Kinder, Beruf. Genau in dieser Reihenfolge. Bei ihr war der Beruf an letzter, bei ihm an erster Stelle. Sie wusste nur, dass er keine Kinder hatte, wusste aber nicht mehr, woher sie das wusste.

Er schrieb ihr einmal:

Ich bin ein Kauz.

Und sie antwortete auf ihre Art:

...Da wären wir wieder beim Thema. Also Kauz werden ist keine schlechte Alternative: verschroben und seltsam sein. Allerdings. Ich weiß nur nicht, ob ich immer nur nachtaktiv sein möchte, und bitte schön, lieber Lino: Augen starr und bewegliches Genick, da haben wir es doch eigentlich besser: starres Genick und bewegliche Augen, und Käuze sind wir ja trotzdem und sowieso.
Und weißt Du, dass es einst Lachkäuze gab, deren Lachen sich anhörte wie eine Mischung aus dem Glu-glu-glu eines Truthahns und menschlichem Gelächter? Der letzte dokumentierte Report über einen Lachkauz stammt, so las ich, von 1914, als an den Blue Cliffs in der Canterbury-Region ein totes Exemplar gefunden wurde.
Immerhin am Meer!
Und: Ich weiß nicht mal, wie man ein Smiley am Computer macht. Das ist doch auch zum Lachen!
Julia

Dass er ihr alles erzählen wollte, sprach nicht gegen die Natur. Und dass er ein Nachtmensch war, passte dazu. Und dass sie Käuze liebte, aber nie wirklich einen gesehen hatte, weil sie halt nachts in der Regel schlief, auch. Sie hatte also noch nie die schaurig heulenden Balzrufe eines Kauzmännchens gehört, auch nicht, wie die Kauzweibchen antworten, nämlich schaurig gellend, wie sie gelesen hatte. Und da der Kauz tagsüber döst, dachte sie an eine sanftere denn gellende Antwort auf seine schaurig leisen Rufe. Sie wollte ihn nicht erschrecken, hatte aber doch ein leises Angstgefühl, dass ihr wohlüberlegtes Geständnis den richtigen Ton verfehlen und von ihm anders gehört werden könnte, als sie das wollte. Auf keinen Fall wollte sie riskieren, dass deshalb der Briefwechsel in Gefahr geriet, der für sie in der Zwischenzeit, wie die täglich frische Luft, einfach zu einem guten Leben gehörte.

Ach Lino,
eine wunderbare Kombination: Deckenwärme und Matratzenkälte: Da geht man am besten die Wände hoch, um warme Füße zu kriegen. Hochbett, wie die Deutschen sagen, Du musst Dir ein Hochbett installieren lassen, dann kannst Du in der Wärme auf die Kälte runterschauen. Ich verstehe Deinen Kampf. Eigentlich sind das immer die leidigen Zustände, auch in Hotels: Entweder rauscht nachts die Klimaanlage wie wild und man friert im Hotelzimmer bei Außentemperaturen von 30 Grad, oder die Elektrogeräte stören mit ihrer roten Lichtflut, ärgerlich und somit auchschlafraubend sind sogar die Ablagen in den Badezimmern.
Sie reichen meistens für eine Zündholzschachtel, und den Lippenstift muss man ins Zahnglas stellen und die Zahnbürste auf den Boden legen. Ich könnte endlos weiterfahren, an guten Schlaf denken die Architekten nicht. Und wie durch eine Nachttrommel geschleudert steht man am Morgen vor dem Spiegel und denkt: Wow, wie schön die vielen Falten im Gesicht, die Augensäcke und mehr …
Herrgottnochmal!

Nein, Lino, ich erwarte überhaupt keine Kommentare zu meinen neuen und kleinen Versuchen. Nimm sie einfach an, unausgegorene Suchbewegungen auf den Schotterwegen der Sprache, und natürlich schielen sie zum Gipfel hoch…, aber Deine Aufgabe ist es nicht, ihnen die Kletterei beizubringen, die Schwindelfreiheit.
A: Was für eine schöne Idee. Alles sagen. Alles!
Meine Bedenken schwinden: Gestern dachte ich, jetzt hängt's dem Lino ganz bestimmt aus mit der Zwitscherstimme aus dem südlichen Wald. Aber sie kommen hier jetzt gleich wieder, die Bedenken!
Auch ich möchte Alles
Sagen fällt mir schwer
Aber ich muss.
Also Lino, ich bin schon beim G wie Geständnis angelangt. Etwas hat mich grausam erwischt. Ich kann es selber nicht fassen, aber so ist es! Verliebt wie eine pubertierende Teenagerin. In Deine Briefe oder Dich. Schön und schlimm, ganz schön und ganz schlimm. Ich riskiere damit, Dich zu brüskieren und zu verjagen, aber es ändert an meinen wirren Gefühlen nichts. Sie sind jetzt einfach da wie der Nebel heute, als bräuchten sie diese beschlagene Glocke gegen jede Sicht. Und Regen fällt hier auch.
Vielleicht hört Dein Alphabet hier endgültig auf, oder die »Seelenverwandtschaft« bekommt einen Riss. Nur das nicht, lieber Lino, das würde ich wirklich sehr, sehr bedauern! Ich bin gerade eine blinde, komplett bescheuerte Kuh, aber es ändert nichts an meinen Gefühlen. Auch Kühe haben ein Anrecht auf Sehschwäche. Ich weiß gerade nicht, wie mir geschieht …
Schreib mir was dazu, damit ich wieder auf den Boden komme! Und bitte, nimm es mir nicht übel!
Aber halt doch mit liebsten Grüßen
Julia

Im Gegensatz zu ihr musste er keine Vermutungen anstellen, was sich hinter den an ihn geschriebenen Worten verbergen könnte. Sie war keine große Verbergungskünstlerin, war nie eine gewesen, und warum hätte sie jetzt ausgerechnet bei dieser zwischen ihnen liegenden Distanz etwas verbergen sollen. Es störte sie nur, dass plötzlich ihre Vernunft, ihre Pragmatik, ihre Sucht, alles immer im Griff haben zu wollen, ins Straucheln geriet und ihr einen Strich durch eine Rechnung machte, die sie längst beglichen glaubte. Sie fühlte sich wie jemand, der ein selten teures Kleid, ein Einzelstück trägt, das er gar nicht zu bezahlen vermag.

Einen ganzen Tag ließ er sich Zeit, um ihr zu antworten, was sehr ungewöhnlich war.

Er erzählte ihr, dass er in einer öffentlichen Bibliothek eingeschlossen worden war, als er still in einer Ecke Märchen las. Bis heute weiß sie nicht, ob dieses Märchen der Wahrheit entspricht oder ob er diese Geschichte erfinden musste, um Zeit zu gewinnen.

Alles ist möglich, im Märchen sowieso.

> Liebe, liebste Julia,
> wie das so traumreich schön daherfliegt von Deiner Tastatur!
> Du Schnelle, Du Leichtfüßige, was musst Du nur alles heute ausgestanden haben, als ich in der Bibliothek vergraben war. Ich war doch erst beim A und bin noch beim B ... und da hüpfst Du derart gewagt schon zum G, dass es mir den Atem verschlägt, das Herz derart klopft, dass ich meine, ich müsste mich vor Freude gleich hinlegen, um dann noch einmal aufzustehen, wirklich aus Träumen erwacht.
> Aber das Herzklopfen ist und bleibt da. Ein unglaublich wunderbares Zeichen: der Traum ist Wirklichkeit. Und wie

Träume eben sind, es ist nicht zu fassen. So hüpfe auch ich gleich zum C weiter: confession.

Liebste Julia,

natürlich hat es auch mir die Gefühle ziemlich durcheinandergewirbelt. Eigentlich schon seit Deinem »missen«, sodass ich mir nur auf die Schnelle mit einem meiner Gedichte zu helfen wusste. Ich liebe Gedichte, nur schon für ihre hilfreiche edle Willfährigkeit. Sie beklagen sich nie. Ja, und dann kam Deine Frage »zu nahe getreten?«, und ich dachte, um Himmels willen, jetzt ist alles verloren, ich bin einseitig entdeckt. Und so suchte ich verzweifelt nach einem Ausweg und fand ihn wie eine glückliche Intuition in der Formulierung des »musischen Zunahetretens«. Und von da an wachte ich umso vorsichtiger über meine wahren Gefühle.

Aber jetzt, liebste Julia, nach Deinem Geständnis, kann ich es gar nicht fassen, dass ich so mutlos war, aus Angst, Dich als Briefschreiberin zu verlieren. Nein, ich kann und kann es nicht fassen. Ich Kauz.

Liebste Julia, ich möchte mich Dir ebenbürtig erweisen, Dir sagen, dass ich Dich sehr, sehr gern gewonnen habe, dass ich verliebt oder was auch immer bin und hoffe, dass Du lächelnd über meine Mutlosigkeit hinwegsehen kannst. Denn ich spüre schon den übergangenen Buchstaben B hinten an meinem Hemd zupfen: Bedenken, Bedenken. Wir beide in festen Beziehungen ... auch so etwas ist für mich ganz neu, dass selbst die Gefühle, mag man noch so erwachsen tun, einfach verrücktspielen. Aber ich habe von Stendhal gelernt, dass der gute Verliebte stets auch der diskrete Verliebte ist, mag es ihm auch in seinem ersten Jubel noch so schwerfallen. Als richtiger Verliebter hat man eigentlich keine Wahl. Aber die hat man in der Verliebtheit sowieso nicht. Also weg vom Boden zum C zurück; und ich spring gleich weiter zum G, um in Deiner Nähe zu sein:

Liebe Julia, lass uns so verliebt sein, dass es uns wohltut und anregt.
Und wenn bösere Zeiten, Ängste und Zweifel, diese dämonische Mutlosigkeit, dazwischentreten sollten, so lass uns feinsinnig, vielleicht sogar lebensklug darüber ein Lächeln gewinnen, damit wir wenigstens unseren unbedarften Briefton nie verlieren. Vielleicht braucht's dafür ab und zu auch schmerzhaftes Zagen oder eine richtige Zornpauke oder weiß was, aber bis zum Buchstaben Z ist es ja noch weit.
So, statt vorgenommener Staubsaugerei, dafür bin ich zu zittrig (freudig zittrig, merkwürdigerweise diesmal ganz ohne Tränen), geht's raus, um den Buchstaben G gebührend zu feiern. Ich besorge mir jetzt eine Flasche Wein!

Schrieb er.

Las sie den Brief auch Monate später wieder und wieder, konnte sie es kaum fassen, dass sich ihr Leben nicht grundlegend geändert hatte, sondern nur sie es war, die sich grundlegend veränderte.

Sie hatte nicht die Absicht, ihr bestehendes Gefüge auf den Kopf zu stellen, ihren Mann, die Kinder, Katzen, Hunde, Hühner und Schafe zu verlassen. Sie konnte einzig versuchen, was ihr früher immer in vergleichbaren Situationen gelungen war, sich auf den Kopf zu stellen, zu spüren, wie das Blut aus ihrem Körper ihren Kopf durchblutete. Während sie versuchte, ihren Körper in einer guten Balance zu halten, tropften ihr die Tränen aus den Augen. Alles strengte sie jetzt sehr an. Sie war eindeutig älter geworden.

Zu alt für diese Spiele! Was wollte sie den einsamen Wolf stören, der doch die Großstadt zum Revier seiner inneren Steppe auserkoren hatte.

Es war heute sowieso ein Tag des Lernens. Eigenartig, vom Betrachten der regenbogenfarbigen Luftblasen im Abwaschschaum bis zu den alten Drucken. Alles war heute anders, neu. Ich hatte plötzlich den Eindruck, ich müsse wieder alles von neuem erlernen. Selbst dass man eine Zigarette nicht am Filter anzündet und wie auf Englisch »bitte« heißt. Und das ist irgendwie wunderschön, dieser milde, vergessliche Blick auf ganz neue alte Dinge, weil ich mir manchmal dabei sagen kann, dass es wohl mit Dir zu tun hat, mit Deinem Geist, der irgendwo und irgendwie herumstreift und die Sachen ein klein wenig verschiebt. Schaue ich zum Himmel auf, so fliegen zwei Flugzeuge übers Kreuz, und schaue ich auf den Boden, so durchquert eine kleine Spinne gerötet den einfallenden Sonnenstrahl. Es ist zum Wünschen schön, aber ich bin ganz wunschlos glücklich. Ein Wünschen über den glücklichen Moment hinaus erscheint gar nicht vorstellbar. So lässt sich sogar mit den Feen hier spaßen, indem man ihnen zwei von drei Wünschen wieder als change zurückgibt. Nur muss man dann aufpassen, dass ihr entzückendes God bless you, Sir einen nicht gar noch zum letzten Wunsch-Almosen verführt.
Liebste Grüße
Lino

Lieber Lino,
genau darum geht es, aber dass wir nur so Mühe haben, das anzunehmen! So, als müsste man diese »Kindereien« doch hinter sich lassen wie einmal die Legosteine – in meinem Fall waren es ganz gewöhnliche Steine –, mit denen wir uns ja auch nicht mehr zu spielen getrauen. Aber diese Schule hat Gott sei Dank keine Vorgaben bezüglich der Anforderungen oder des Abschlusses, man

darf eine Null sein und geht aber total kreativ aufgeladen in die Stunden. So schön!
Wenn Du vom Meer sprichst, vom aufgebrachten, werden meine Augen blitzartig dunkel wie die Wellen und auch wieder hell wie der Himmel: Es ist für mich eins der intensivsten Gefühle, das mich jedes Mal, wenn ich das Meer sehe, höre, erfasst, und ich werde zum ausgelassenen Kind, zum Wirbelwind, den nichts und niemand zähmen kann!
Du müsstest das natürlich dann aushalten, wenn ich vor Freude schreien würde. So ist das. Komm, wir fahren ans Meer!
Julia

Sie buchte den Flug. Sie hatten zusammen ausgemacht, ein paar Tage in einer alten Stadt, die am Meer lag und die bekannt für ihre Novemberstürme und für hohen Wellengang war, zu verbringen.

Zwischendurch die Wochen
Tage und Nächte
Zeit

Oktober 2005

Laut stöhnte die Erde. In der Nähe erblassten die Bäume. Rings auch troffen die Kräuter, gesprengt mit blutigen Tropfen, und es erhub das Gestein, so schien's, dumpfbrüllende Laute und ein Gebell wie der Hund. Es wühlten schwärzliche Nattern durch das Gefild, und der kleinste Picus hackte mit seinem Schnabel wütend auf die Äste ein. Er sah lustig aus in seinem purpurroten Gefieder. Heute laufen sie so auf der Straße herum. Ich war schon immer meiner Zeit voraus. Die kleine Canens hat es nicht überlebt. Sie ist vor Gram verreckt.

Albert Ostermaier

Lieber Lino,
wie vermisse ich nun einen Brief von Dir! Gewohnheit ist schon etwas sehr Einfältiges. Da geht man mit der größten Selbstverständlichkeit und einem wunderbaren Cappuccino morgens früh ans iPhone, und siehe da: Briefträger oder Briefschreiber im Schnee ausgerutscht, heute keine Zustellung! Briefschreiber schläft noch, vielleicht war er nachts unterwegs zur Milchstraße, zum Großen Bären oder ganz einfach sternhagelvoll ...
Und: Gerade las ich im *Zeit-Magazin:* Die Zukunft ist eine dumme Sau, man weiß nie, womit sie als Nächstes um die Ecke kommt!
Wie wahr! Wie geht es Dir?

Guten Morgen, liebste Julia, hat man denn Dir diesen Brief von gestern noch gar nicht zugestellt?
Lino

Nein!
Julia

Jetzt wollte ich Dich einmal stimmlich überraschen, und da hast Du doch wirklich Dein Handy ausgeschaltet ... Ich geh jetzt auf einen Spaziergang!
Lino

Bin jetzt schon müde, obwohl ich den ganzen Tag eigentlich gar nichts getan habe, was Hände und Füße hat, war wieder so elend früh wach am Morgen (wahrscheinlich senile Bettflucht) und muss mich regelrecht dagegen sperren, jetzt schon nach dem Bett zu schielen. Aber ich begleite Dich auf Deinem Spaziergang, vielleicht immer einen Meter hinter Dir, damit Du Dich in Deine Gedanken vertiefen kannst ...
Julia

Ja, auch bei mir eine eigenartige Müdigkeit, sie ist nicht vergangen auf dem Spaziergang, und ich war froh, dass Du auch so müde warst, sonst hättest Du mich glatt überholt und ich hätte Dein Beobachten bemerkt. Vielleicht ist das Verliebtsein jenseits der Fünfzig anders konditioniert als früher. Die überschwängliche Freude, das selbstlose Sich-gut-Tun empfinde ich irgendwie viel stärker als früher und die dazugehörige Kehrseite, das Zu-Tode-betrübt, nicht mehr als einen süß gefährdenden Zustand oder eine derart bodenlose existenzielle Angst wie einst mit achtundzwanzig. Aber mit einem Mal erweist sich die Kehrseite von Himmelhochjauchzend als eine einzige große Müdigkeit, in die sich alles Schmerzhafte, auch das Schniefen einnistet,

das Nichtwissen wie das Wissen. Es ist ein eigenartiges Gefühl, wenn Du mich fragst, wie es mir geht. Wie geht es Dir? Ich könnte viele Worte darüber verlieren, aber sie dringen nicht recht zum Kern. Ich verliere auch viele Worte, auf dem ganzen Weg habe ich Worte verloren, weil ich merkte, dass mir das guttut, das Plaudern ins Nichts. Venus und Amor hören sich das gerne an, diese verliebte Beschränktheit, die das Absolute nicht findet. Robert, ja, der Walser, hat einmal von diesem Krausimausizeug gesprochen, das man sich in die Ohren murmelt. Vielleicht könnte ich meinen Zustand so beschreiben, Dein Hornochse, der sich so zärtlich geliebt weiß, sehnt sich einfach nach viel, viel unsinnigem Krausimausizeug.
Wie ich erwachte, da pochte mir das Herz so sehr, dass ich eine Hand drauflegen musste, und es war mir, als ob da etwas zwischen den Fingern hindurch in mich rinne, ein alchemistisches Weißwasfürtausendperlenwasser, und mir war es Ewigkeiten lang so, als drehte sich die Welt in meinem Herzen um und um. Ganz unbeschreiblich, wie ich erwachte. Ein anderer Zustand, der sich sogleich nach dem Morgen, nach allem sehnte, den Vögeln, den Menschen, den Dingen, nach Dir. So früh, so ruhig habe ich diese laute Stadt noch nie gespürt.
Lino

Lieber Lino,
schau mal auf die Uhr! Und ganz, ganz schnell will ich Dir sagen – ich flüstere das jetzt halt einfach ins Ohr der Luft –, niemals hätte ich Dich beim Spaziergang überholt, ich hätte Dir, mit der größten Zärtlichkeit, von hinten (wie groß bist Du?) meine kalten Hände auf die Augen gelegt, Du hättest sie nicht erkannt oder doch. Rat mal, hätte ich gesagt, rat mal, was uns gerade passiert, und mein Kopf an Deinem

Rücken, das erste Glück mit einem Menschen, das man niemals vergisst!
Ja – ich will wissen, wie es Dir geht!
Ich beneide Dich gerade ein wenig um Dein Alleinsein. Es fällt mir ziemlich schwer, diese Rolle auswendig zu lernen, und ich hab natürlich keine normalen Argumente, wenn ich komplett verträumt das Gemüse in der Pfanne ins Fegefeuer schicke, kein einziges Argument, wenn ich den Geldbeutel im Kühlschrank versorge ... Aber dass ich noch träumen kann, direkt am heißen Herd, direkt am kühlen Schrank, das finde ich großartig! Aber verstehst Du: Meine Rolle ist hier schon ein bisschen anders, verlangt viel Präsenz, aber ich möchte gerade allein sein, allein sein, nichts teilen, nichts mitteilen. Love!
Und sprich nicht von verliebter Beschränktheit, diese Gefühle sind schön. Was mir daran zu schaffen macht, ist diese absolut fehlende Nähe. Das darf man ja nicht laut sagen! Aber so ist es nun mal, und man arbeitet daran. Sehen möchte ich Dich, geht aber nicht, hören möchte ich Dich, geht aber nicht (mit Entsetzen habe ich heute Morgen gesehen, dass ich gestern in der Früh wohl auf Deine Handynummer gedrückt haben muss), umarmen möchte ich Dich, geht aber auch nicht. Aber es geht, an all das so zu denken, dass man es für die nackte Realität hält, fürs schönste Erlebnis! Wenn das nur kein Dauerzustand wird, aber genau das wird es sein. Ich könnte laut schreien!
Julia

Liebe Julia,
ja, was möchte ich Dir nicht alles sagen. Ich glaube, es ist immer etwas und dann noch etwas und noch etwas. Ganz kopflos. Zum Beispiel, dass immer, wenn ich Deine Briefe lese, etwas da ist, bei dem ich denke: Ja, das kenne ich auch.

Ich begreife erst allmählich, wie kostbar unser Geschenk ist, liebste Julia.
Solche Dinge möchte ich sagen, und dann merke ich, ja aber, das ist doch viel zu wenig. Das ist doch gar nicht das Entscheidende. Da wäre dann doch noch die diabolische Freude, Dich stören zu dürfen. Wenn Du am Kochherd stehst, Dich ein klein wenig am rechten Fußknöchel zu reiben, dass Du auf den Boden schaust; wenn Du etwas in den Backofen schiebst, Dich leicht am Ellbogen zu berühren, dass Du innehältst; wenn Du den Kühlschrank öffnest, Dich am Ohrläppchen zu kraulen, dass Du niesen musst.
Nur kommen mir dann wieder andere Dinge in den Sinn, und so geht das endlos weiter, dass ich einfach nicht vom A loskomme. Dann sage ich immer, ja aber Dein Name hört doch auch mit A auf.

Du, schlaf schön! Da ich seit drei Uhr auf den Beinen bin, kippe ich jetzt einfach ins Bett.
Umarmung
Julia

Muss ich mir Sorgen machen? Bitte, bitte, schlaf doch einmal tüchtig aus, so wie ein Faultierchen, so wie ich manchmal. Ich verzichte lieber auf einen Brief von Dir, als Dich den ganzen Tag übermüdet zu wissen. Ich habe Deine wunderschönen Briefe, und ich lese auch gerne alte Briefe wieder oder betrachte Dich auf dem Foto verträumt, das tut mir immer gut, weil ich stets Neues darin entdecke, zum Beispiel Deine feinen Hände.
Lino

Meinst Du, ich bin verstört? Nein, Du musst Dir keine Sorgen machen. Also ich habe heute eingekauft wie immer, das Geld gezählt wie immer, aufs Fahrrad bin ich auch gestiegen wie immer, und wie immer denke ich bei all diesen Aktionen an Dich, das ist wahrscheinlich die schlimmste Störung. Und morgen wird es genau so sein wie immer, übermorgen auch, und gestern war hier das Wetter auch wie immer: neblig, trüb, kalt, und heute ist es schön, also ist es nicht wie immer …
Julia

Lieber Lino,
ich las heute wieder in unseren Briefen. Ich finde, wir behandeln das Thema Fremdgehen einseitig. Es muss ja Dich und Deine Beziehung auch irgendwie streifen, wie gehst Du damit um? Gut, Du bist weit von zu Hause weg und so bist Du auch nicht hautnah mit dem Thema konfrontiert, trotzdem wirst auch Du Dir Fragen stellen!
Das habe ich gedacht, bin dann aber ganz schnell zu Deinem ersten Liebesbrief gesprungen, der mich an einem Montag Anfang Oktober erreichte und der irgendwie alles veränderte, alles auf den Kopf stellte und trotzdem für mich nur »Antwort auf mein Geständnis war«, so im Stil: Sie wollte es ja so.
Weiß der Teufel, was ich jetzt wieder rumspinne, was ich da wieder konstruiere, dabei haben wir doch gesagt, wir bauen jetzt dieses Gerüst gemeinsam und erzählen uns dabei rabenschwarze Witze!
Ich getrau mich heute kaum, Dir zu sagen, was ich fühle, ich getrau mich kaum, daran zu denken, dass dieses Fühlen stimmt, und noch viel weniger getraue ich mich heute Morgen in die Vorstellung, es könnte bei Dir dasselbe sein! Nein – da hinein getrau ich mich heute Morgen nicht!

Schnee liegt auf den Bergen.
Du könntest jetzt in den Verdacht geraten, dass ich sehr launisch bin. Bin ich aber überhaupt nicht, nicht im Geringsten. Es ist ein kleines Schiff, auf dem ich ganz allein sitze, im Wettstreit mit den Wellen. Seekrank, sozusagen liebestrunken: Wenn einem da nicht schlecht wird, weiß ich auch nichts.
Aber Du kannst am Frühstückstisch ruhig ein Nickerchen machen, es würde mich überhaupt nicht stören, wenn Dein Kopf ins Müesli fiele.
Julia

Ja, zum Fremdgehen habe ich bisher nichts gesagt. Und ja, da braut sich einiges ungut zusammen.
Vielleicht fängt die Stadt, die Einsamkeit an, mich langsam aber sicher emotional zu überfordern, mir den Kopf in alle Richtungen zu verdrehen, mir den Bezug zu dem, was ich will, soll oder kann, mehr und mehr zu nehmen. So irrlichterlich sieht das Gefühlsgebäude aus. Ich verstehe das Kartenspiel der Liebe nicht allzu gut zu spielen. Und so bin ich jetzt auf einmal ganz ernüchtert über mich selber. Du Mutige, mit was für einem Menschen gibst Du Dich da eigentlich ab! Mit einem, der schon bei Liebesschwüren unsicher wird und aussteigt, weil er einfach aller phantasierten Dauer misstraut. Was machen andere nur, dass sie so stark in diesen Dingen sind oder tun? Es tut mir so leid, Dir das gestern alles vor Deiner Reise nach F. am Telefon an den Kopf geworfen zu haben. Aber es löst sich ja auch nicht wie von selber, all diese Gefühlsgeschichten in gordischen Knoten. Gibt es so etwas wie Ehrlichkeit aus Verliebtheit? Dann wäre es das!
Lino

Lieber Lino,
Du willst aussteigen aus diesen unsicher gestotterten Liebesschwüren, nur damit Du nichts spüren musst, nicht das Schöne, nicht das Schwierige, einfach überhaupt nichts, und willst in die Einsamkeit zurückfliehen. Dann tu das. Meine Gefühle gefrierst Du damit nicht ein, keineswegs. Es schmerzt mich, Dich da so einsam zu wissen. Unglaublich, dass dieser kleine Traum bereits angefangen hat, diesen unerbittlichen Horizont anzufliegen, um im Nichts zu verschwinden. Das darf nicht sein, aber wenn es sein muss, meine Liebe ist trotzdem da, wie auch immer.
Ich bin traurig!
Vielleicht ist das alles mit uns viel zu schnell gegangen, sagtest Du! Ich frage mich die ganze Zeit immer wieder, wie so etwas überhaupt nur möglich ist, und vielleicht sollten wir Sendepause machen, vielleicht sollten wir uns einbläuen, dass das alles ganz und gar unwirklich ist, vielleicht sollten wir ... und mir kommt gerade nichts mehr Gescheites in den Sinn!
Julia

Liebe Julia,
danke Dir für Deine liebevolle Standpauke. Ich weiß nicht, was da plötzlich in mich gefahren ist, aber ich spüre, dass da für mich irgendetwas nicht stimmt, über das ich bisher noch zu wenig nachgesinnt habe. Wie viel unsere Liebe trägt, erträgt. Ist sie wirklich in der Realität derart stark, wie wir mit Worten uns unsere Gefühle stammeln oder jetzt eben auch wehtun? Können wir das am Telefon diskutieren? Oder dann am Meer?
Lino

Lieber Lino,
gestern sprachen wir am Telefon, und dieses Sprechen glich eher dem Rezitieren eines langen, schon lange nicht mehr gelesenen Gedichts. Mit Intervallen, anhebendem und abfallendem Klang, gerade wie es aus uns, dem Tal unseres plötzlichen Durcheinanders kam. Vom Biwak sprachen wir und dass man sich da auf sehr kleinem Raum sehr nahekommen würde, ganz nah, wie der Schnee dem Fels heute, sagte ich. Ich weinte. Über mich! Du hast wohl gedacht, ich weine für uns beide. So war es aber nicht. Ich weinte nur für mich. Alles ist zu schnell gegangen, sagtest Du, und ich dachte, Gefühle leben doch ohne jede Willkür, ohne jede Vorschrift von Langsamkeit oder Furiosität, und ich sagte zu Dir: Es ist doch immer die gleiche Scheiße.
Als ich das Telefon auf die Ladestation legte, weinte ich noch immer und dachte: Das Telefon hat es gut, wird einfach wieder aufgeladen, und ich weinte weiter in die Tagesschau hinein, in den Laptop, wo einst Deine Briefe hereinschwirrten, einer nach dem anderen, und ich nun nichts mehr mit ihnen anzufangen wusste, weil mir plötzlich alles verkehrt schien, weinte ich dann auch ins Kissen, schlief weinend ein und träumte von einer Freundin, von der ich seit Jahren nichts mehr gehört hatte. Die Begegnung mit ihr im Traum war genauso verwirrend wie die unsere am Telefon, dieses Gefühl von ernsthafter Unwirklichkeit und lapidarer Wirklichkeit.
Ich muss nach F. Ich kann dort nicht weinen und meine Geschichte erzählen! Man erwartet von mir nur Vernunft und große Aufmerksamkeit. Wie ich Dir erzählte, nehme ich dort an einem Lektoratsseminar teil, und es geht da bestimmt nicht um die Illusion einer Nichtschwimmerin, es doch mal mit dem tiefen Wasser zu versuchen, um den Fischen in die Augen sehen zu können, sondern um das genaue Erfassen der Texte und darum, wo die Feder angesetzt werden muss und wo nicht.

So habe ich auch Deinen nächtlichen Brief unbeantwortet gelassen, weil das, was Du mir schriebst, wieder eins dieser Luftgespinste war: leicht und hell, aber ein Gespinst. Und Du schriebst, dass Du bei dem nächsten Dich überfallenden Schwindel meine Hand halten möchtest wie ein Gedicht, und ich dachte: Du musst nicht mich halten, Du musst bei deinem eigenen Schwindel bleiben, bis Deine Klarheit wieder wirkt.
So gehe ich nach F., werde tun, was zu tun ist, weiß aber nicht, ob ich ausgerechnet da, zwischen den vorgesetzten Texten und den kritischen Haltungen mich wieder zusammenraufen kann, als müsste da nicht nur aus einem literarisch anspruchsvollen Text, sondern auch noch aus mir selber ein möglichst einfach lesbares und durchschaubaresGanzes werden, damit ich wieder dort sein kann, wo ich vor Wochen noch stand: im stillen Gehege der Gewohnheit, nicht glücklich, auch nicht unglücklich.
Bestimmt werde ich zu Dir es wieder sagen: Ich liebe Dich! So wie Du das auch tun wirst. Ganz bestimmt, und meine Stimme wird zittern wie die Blätter im Wind. Du wirst es nicht hören, weil ich sanft bin wie der Wind. Liebe macht taub!
Es ist über mich gekommen in einer Nacht. Wach lag ich und sah mir den Film der letzten Tage an, Szenen flimmerten durch mich hindurch, manchmal musste ich die Augen schließen, als ginge mir alles zu schnell, und meine Augen brannten. Es gibt immer einen Film hinter einem Film. Wie nennt man das? Ich weiß es nicht und ich weiß auch nicht, über welchen ich weinen musste. Über das Ende des einen, über den Anfang des anderen. Aber das stimmt so gar nicht. Es gibt kein Ende und keinen Anfang. Es sind zwei gleichzeitig laufende Geschichten, die mir jetzt geschehen.
Du bist hinzugekommen wie ein zweiter Regenbogen.

Nicht abgeschickt

Filmriss.

Traurig und beduselt in der ersten Helle, die man beginnenden Tag nennt. Zunehmend vernünftig bis am Mittag. Und so gegen Abend, töricht wieder, sag ich mir, zu Dir: ich liebe Dich und staune über die schöne, neue, errungene Welt.

Nicht abgeschickt

Unterwegs nach F. ein paar SMS-Nachrichten, liebevolle Shortcuts.

Tage später, als sie wieder zu Hause war, realisierte sie, dass der geplante Meeraufenthalt näher rückte.

Was tun wir bloß im ersten Gegenüber, wenn wir uns plötzlich und wie angeworfen einfach unsympathisch sind, was tun wir dann? Was mir alles durch den Kopf geht, tagein, nachtaus, ist manchmal ganz unglaublich. Wir müssen es endlich wagen, uns sehen, uns hören, es ist einfach unerträglich geworden ...
Julia

Liebe Julia,
ich finde, wir sollten ganz ruhig, unterkühlt und geradezu sachlich ans Meer reisen, wie zum Beispiel Autoren zu einer Lesung, ein bisschen nervös, aber froh um jede Alltäglichkeit ...

Sehr geehrter Lino,
ich nehme Ihre Reiseinformationen sehr gerne entgegen und danke Ihnen für jegliche Hinweise auf Gefahren unterwegs. Würden Sie empfehlen, Eisbandagen mitzunehmen?

Einen Sauerstoffapparat? Nitroglycerin? Oder sogar einen Beatmungsbeutel ...
Julia

Liebe Julia,
weißt Du, was mir so durch den Kopf ging? Dass die »éducation sentimentale« doch nie wirklich abgeschlossen ist und es immer wieder gut mit einem meint, obwohl alles so fertig aussah bei Schulabschluss und so streng und klar. Immer wieder ganz unerwartet ist sie da und schult einen von neuem ein. Es geht wieder freudvoll ans Lernen! Ich glaube, so wird man nie wirklich alt, bleibt ein Kindskopf, der ich eigentlich gerne bin.
Lino

Lino,
was tun wir dann bloß, wenn wir uns im ersten Gegenüberstehen sehr unsympathisch sind? Ja – was tun wir dann? Ich habe die Tendenz, aus einem Elefanten eine Mücke zu machen, nicht weil ich das schön finde, dieses große Tier, das sich Liebe nennt, so zu verniedlichen.
Julia

Wir tun das.
Ja, und hier dann unsere erste Begegnung in der Stadt am Meer; natürlich denke ich auch, dass wir dabei so hilflos wie zwei stumme Fische sein werden. Aber es sind feine schillernde Fische, die dürfen sich alles Falsche und Verquere erlauben. Die dürfen stumm und blöd und ungeschickt und vielleicht sogar ein wenig unterkühlt sein. Wie die Leute unterkühlt über das Wetter, die Flugzeuge,

den Stadtlärm, die U-Bahn oder ich weiß nicht was reden, denn sie meinen das ja nicht so. Und ich sage Dir, das Wetter hier, das von Minute zu Minute ändern kann und viel hergibt, das wäre ein Thema. Und ich denke, wenn wir uns wirklich ganz und gar unsympathisch wären, also so richtig (weiß nicht wie Stendhal das Gegenteil von coup de foudre genannt hätte: coup de mépris?), so werden wir ein schönes Coffeehouse aufsuchen, einfach irgendeines, und uns unsere Briefe gegenseitig so erzählen, als ob wir von gemeinsamen Bekannten sprechen würden, die sie geschrieben haben. Und ich glaube nur schon über diese gemeinsamen Bekannten müssten wir uns doch wieder sehr sympathisch werden.

Und ich würde sagen: Komm, ich zeige Dir, wo mein Bekannter lebt, und Du würdest vielleicht sagen: Wir könnten uns aber auch einmal diese Stadt ansehen, wo sie doch beide hinwollten. Und ich würde vielleicht unterkühlt sagen: Ja, wieso nicht, das könnte doch eine sehr interessante Recherche ergeben.

Große Umarmung, ich freue mich auf Dich

Lino

Ich muss den Briefschreiber sehen, sagte sie zu ihrem Mann, ich muss ihn sehen, damit ich mich, dich, uns wieder besser sehen kann.

Du tust das Richtige! Erinnerst du dich an meinen »Ausflug« vor Jahren? Die Gänsefüßchen setzte er gleich selber mit seinen Händen in die Luft.

Ja, nur hatte ich damals kleine Kinder, die ich vorschieben konnte, um deinen ähnlichen »Ausflug« als absolut einmalige Sehenswürdigkeit zu reklamieren.

Willst du denn Marie, die Schwierige, noch einmal klein wissen?

Als sie damals drei kleine Kinder hatte, wurde sie oft gefragt:

Was tust du den ganzen Tag? Sie antwortete:

Ich bin jetzt nicht mehr Buchhändlerin, ich bin Vorleserin!

Es war nicht zu überhören, dass man von ihr eine andere Antwort erwartete. Sie hätte auch sagen können, sie sei Managerin, aber sobald sie ihre Firma, die Familie, erwähnt hätte, hätte sie das gleiche Kopfschütteln ausgelöst.

Tagsüber war sie Vorleserin, und abends, wenn die Kinder schliefen, nahm sie ihr Buch zur Hand und schlief meistens nach zwei Seiten ein.

Mit dem Größerwerden ihrer Kinder stieg auch die Anzahl ihrer Bücher wieder, und das Schlafmanko nahm ab. In den Buchhandel wollte sie nicht zurück, kam dann aber durch die Vermittlung einer Freundin, die von ihrer Liebe zum Wort wusste, in Diskussionsrunden über Texte und an erste Lektorate.

Von Kindheit an hat sie viel gelesen. Sie erinnert sich an Streitereien mit ihrer Mutter, die im ihr leidigen Handarbeitsfach den größeren Profit für die Zukunft ihrer Tochter sah. Sie erinnert sich an die Begleitung ihrer Mutter in die Schulbibliothek, von wo sie nur noch zwei statt sechs Bücher für eine Woche mit nach Hause nehmen durfte. Hatte sie doch, ganz arglos, damit gerechnet, statt der sechs diesmal zwölf Bücher mit nach Hause zu nehmen.

Sie erinnert sich an den jährlichen »Handarbeits-Examenstag« an der Schule, der einem Markt gleichkam, an die Scham ihrer Mutter, weil ihre Tochter den Wettstreit mit ihren Mitschülerinnen, den in Wirklichkeit nicht sie, sondern ihre Mutter führte, regelmäßig verlor. Ebenso verlor ihre Mutter den Kampf um ihren Beruf, und sie wurde statt Handarbeitslehrerin Buchhändlerin.

Allerdings musste sie dann später, nach einiger Erfahrung im Buchhandel, auch einsehen, dass es da einzig und allein nur um die Anzahl verkaufter Bücher ging, ganz egal, wie die gestrickt waren, und nicht, wie sie ganz naiv geglaubt hatte, um den Inhalt der Bücher.

Sie hatte doch damals als Jugendliche die Buchhändler und Buchhändlerinnen mehrheitlich auf ihren Stühlen sitzen und lesen gesehen. Genau das wünschte sie sich auch: tagtäglich in einem Raum voller Bücher zu sitzen, zu lesen, kurz aufzuschauen, ob sich ein Kunde für seine Liebe entschieden hatte oder fragen wollte, was gerade empfehlenswert sei.

Das Sitzen und Lesen wurde ihr dann ziemlich schnell ausgetrieben. Auch musste sie viele grottenschlechte Bücher verkaufen. In dieser Zeit hatte sie auch erste Schreibversuche unternommen, die nie etwas anderes als das dunkle Holz der Schubladen des vom Großvater vermachten Schreibtischs sahen. An dem hatte sie oft sonntags gelesen, wenn sie vom mütterlichen Handarbeitsfloh nicht gebissen werden, ihm aus dem Weg gehen wollte. Sie suchte dann Zuflucht bei ihrem Großvater, der sich darüber freute, wenn sie an seinem Tisch saß und las, und der ihr regelmäßig mitten am Nachmittag einen Tee und ein belegtes Brot servierte.

Einmal, bei einer nächtlichen, stundenlangen Diskussion über Literatur, sagte sie zu einem ihrer Freunde:

Weißt du, wie ich sterben möchte? Am liebsten würde ich von meinem Bücherregal erschlagen werden, atemlos werden unter dem, was mich zeitlebens so sehr belebte!

Der Freund lachte Tränen, und sein nächstes Geschenk war ein schmaler Band mit Gedichten von Umberto Saba, den sie über alles liebte.

Mit diesem dünnen Ding trägst du nun auch nicht gerade sehr viel für meinen Wunsch bei, und sie küsste ihm die aufgebrachten Worte lachend weg und zitierte ihm Zeilen aus einem der Gedichte:

»Der Tag, der sich ankündigt, wird für mich eine Zerreißprobe sein. Trotzdem werde ich ihn leben ...«

Lieber Lino,
Du wirst diese Zeilen erst nach unseren gemeinsamen Tagen in der Stadt am Meer erhalten, obwohl ich sie schon Tage vorher schreibe.
Ich weiß auch, warum. Ich kämpfe mit mir, mit Dir! Eigentlich bin ich seit Tagen in einem unglaublich wilden Strudel, dem ich mit dem Verstand zu Leibe rücken will, vor allem mit ihm, was mir überhaupt nicht gelingt. Es ist alles Neuland für mich, lieber Lino, absolut unbegangenes Terrain, und es macht mir jetzt schon Angst, dafür dann in Deiner Gegenwart Worte zu finden, wenn es sie denn überhaupt gibt. Gibt es Worte für diese aus dem Nichts hereinbrechende Flut von unzähligen Briefen, von wirren Gefühlen, Träumereien, Sehnsüchten, die sich sehr schön, aber auch schmerzhaft anfühlen, als kämpfte ich mit allen mir zur Verfügung stehenden Mitteln jetzt vehement gegen diesen mir unbekannten Belagerungszustand?
Wie passiert so was? Was ist nur geschehen, dass ich mich in einen Brieffreund wie Dich verliebe, den ich doch erst ein einziges Mal gesehen habe? Es gibt also noch keine Vergleiche, die man gegeneinander ausspielen könnte im Sinne von Enttäuschung und ihrem Gegenteil, sonst würde ich bei ihnen Trost suchen. Ja, ja, kennen wir doch, geht vorüber, ja, ja, nur keine Panik, und ja, ja: ich will diesen Trost doch gar nicht, weil es gar keinen Trost gibt, geben muss für die Liebe.
Ach Lino! Ich könnte die Wände hochgehen, und nicht zuletzt erfasst mich dabei eine Scham, die alte Scham

eingebläuter Verhaltensregeln, die es mir nicht immer erlaubten, zu meinen Gefühlen zu stehen. Nun komme ich zu Dir und muss wieder üben. Als ob ich das nicht schon getan hätte, immer schon getan mit den kleinsten Fortschritten, die einmal wieder wie von selbst stehen blieben. Kommt hinzu: Über alles, alles haben wir uns geschrieben, aber in Wirklichkeit weiß ich nicht, wie und mit wem Du lebst. Du wusstest es von mir von Anfang an. Selbstverständlich gehört auch das zu diesen eingefleischten Mustern: Dich nicht danach zu fragen, nicht fragen zu können, aus lauter Angst, Dich damit zu brüskieren. Es trommelt in meinen Ohren, es ist das Trommeln mir bestens bekannter Dinge, und gleichzeitig verschlinge ich Deine Briefe. Und manchmal sehe ich mir dabei zu, ohne es bis anhin jemals getan zu haben, wie ich meinen Arm in Deinen lege, einfach so, aus lauter Zuneigung, und mit Dir flaniere, mit dem mir Innewohnenden, welcher Art es auch immer sei, neben Dir zu gehen, ohne jede Scheu irgendwohin zu gehen!

Sollte ich Tagebuch schreiben? Aber was wir uns schreiben, ist eigentlich auch aus dem Buch des Tages, aller Tage!
Jeden Tag mehr Einzelheiten.
Heute Morgen war ich drei Stunden unterwegs, am Fluss entlang, an Wiesen mit schwarzäugigen Kühen, durch Wälder und Rebberge, über Herbstblätter, deren Farben mit meinen konkurrierten: Siehste, so ist das im Herbst, man will es noch einmal wissen. Ich hob eins der gefallenen Blätter vom Boden auf und hängte es wieder an den Ast. Wahrscheinlich liegt es jetzt wieder am Boden, aber ich hab getan, was ich konnte! Ich komme während dieser Wanderungen immer in einen meditativen Zustand.
Jetzt ist dieser Zustand ein Denken an Dich. Ein ständiges Andichdenken!

Manchmal steht der Bauer am Zaun seines Feldes und sagt: Schon wieder unterwegs, und ich grüße ihn und sage: Schon wieder, immer wieder. Es gibt Menschen, mit denen kommt man nicht über einen einzigen Satz hinaus, ohne dass es störend wirkte. Ja, ich hätte große Mühe, wenn er plötzlich etwas Neues sagen würde und ich demzufolge auch etwas Neues sagen müsste.
Ich übte heute unterwegs für den Ernstfall: Ich versuchte, ganz angestrengt, nicht an Dich zu denken, und wenn ich es doch tat, dachte ich sofort: jetzt denkst du ganz einfach nicht an ihn, und ich suchte den Himmel nach einer Ablenkung ab, nach Wolken, die aussehen wie frisch gebackene Brötchen, oder Flugzeugspuren, die ganz seltsame Dinge zu formen vermögen, ein Seil zum Beispiel, auf dem eine Wolke tanzt. Ich rede mir dann ein, dass ich das alles wieder betrachten könnte wie einst im Mai oder Juni oder Juli, und dann kommt dieser August und jetzt ist November, unzählige Briefe gingen hin und her, und ich glaube allen Ernstes noch immer daran, einen Umweg um diese Erschütterungen machen zu können, um Dein Gesicht, Dein lachendes Gesicht, um die Zärtlichkeiten, um diesen verrückt anmutigen Zustand, um jede Angst, selbst um die unwägbaren Momente von großer Zuversicht!
Zu Hause legte ich mich ins Bett. Es ist der einzige Ort, der mich nichts fragt. Ich kann liegen, lachen, weinen, schreien: mein Bett bleibt stumm wie ein Buch. Das Bett ist dann ein Tagebuch, und mein Körper schreibt für mich in Ruhe, Unruhe, Kraft, Schwäche, alles, was die Liebe in Bewegung zu bringen vermag und weiterleitet bis in die kleinste Zehe, die manchmal am Ende des Deckbettes einen Fluchtpunkt sucht, an die Luft will und denkt: Ist das menschenmöglich?
Und dann ein einziges Mal der Versuch über Skype, diese

stürmischen Technowellen, durch die wir eine Nähe zueinander suchen, die nicht herstellbar ist.
Man muss in der Liebe bei den Briefen bleiben. Aber ausgerechnet in der Liebe bleibt man nie bei den kleinen Dingen. Sie will immer mehr, die Liebe, aber ich bleibe bei Dir und diesem Wort. Wie freigeschaufelt liegt es jetzt da, durch Zeit und Zögern, als wären die Schaufeln zwischendurch müde gewesen oder neugierig darauf, etwas zu erfahren, das wir selber noch nicht wussten.
Vorerst also die Briefe. Die lieben Briefe. Die Liebesbriefe. Ich könnte jetzt an eine Versteigerung gehen und fragen, ob man den Ausdruck »Liebesbriefe« noch ersteigern könnte. Aber ich bleibe, wo ich bin. Und manchmal bist Du auch, wo ich bin. Mit Briefen lächelnd in den Vormittag hinein, in den Mittag, in den Nachmittag, und so gegen Abend wird es wieder ganz ernst und traurig auch, weil wir das Meer zwischen uns haben, so viel Wasser, dass es einem am Hals steht.
Kühl das Wasser im Traum der letzten Nacht. Ich hüpfte auf lose miteinander verbundenen Korkstücken über den breiten, reißenden Fluss, schrie um Hilfe und wurde von einem Menschen an Land gezogen, dessen nicht unbedingt Vertrauen erweckendes Antlitz sich in ein schönes, anmutiges Gesicht verwandelte.
Dein Gesicht war es nicht, aber nicht wahr, die Träume zeigen uns ja nicht immer die Eins-zu-eins-Version. Ich glaube, Du warst das. Du warst das Wasser. Du warst der Korken. Du warst die lose Verbindung, warst alles, was mich diesem Menschen in die Arme trieb, der ich selber bin.
Irgendwie erreichte Dich meine Trauer heute Morgen nicht. Du setzt ihr Strategien entgegen, als ob Du Angst verspürtest, es könnte Deine eigene sein.
Es ist so vieles, was auf mich zukommt. Es betrifft uns alle, und »alle« meint die Menschen, die mit uns leben, mit Dir,

mit mir. Bis anhin, und weiterhin werden sie die Menschen sein, die mit uns leben.
Das Schwierige ist: Ganz unerschrocken weiterleben, und ja – noch schwieriger: Ich soll aussehen wie immer, wie immer! Das ist hart. Seit ich fremdgehe, ist das Aussehen anders geworden.
Du siehst so glücklich aus, sagen einige. Ich schweige und schaue weg!

Nicht abgeschickt

Weißt Du was,
zwei rote Küsse sind zu Dir unterwegs, bin gespannt, wie lange die Reise dauert. Der Pöstler sagte, höchstens zwei Tage. Aber wie Du weißt, glaub ich dem eh nichts mehr ...
Julia

... Und wenn Deine roten Küsse nicht schwer wie Paketpost mit francatura beklebt sind und auch nicht aus dem wirklichen Spanien hierherkommen, dann bestehen in der Tat große Hoffnungen, dass ich sie vielleicht schon übermorgen habe.
Ja, darf ich Dir denn dann auch ein Dankesbriefchen zurückschreiben, oder ist das eher ein bisschen lästig, wird der neugierige Postbote vielleicht am Ende noch ranzig über solche Verehrerpost, weil er Dich doch selber hochverehrt?
Lino

... Ja, heute gehe ich früh ins Bett, vielleicht hilft das gegen alles, gegen das Stechen, Reißen und Zittern und noch viel mehr. So in der Horizontalen daliegend denke ich, wir

könnten uns schon irgendwo begegnet sein. In einem sibirischen Express-Nachtzug rauchend im Gang, auf einem Mississippi-Dampfer an der Reling, weil wir beide vom Gewitterdonner geweckt wurden, in einer Oase beim nächtlichen Zwischenhalt unterm Sternenhimmel, eingehüllt in Tuareg-Tücher, an einer geschlossenen Bahnschranke in Feuerland, bei Sonnenaufgang vor der Hagia-Sophia-Moschee, weil wir es in unseren schwülen Hotelzimmern nicht mehr aushielten, an einer Bar auf dem Flughafen Malpensa, weil wir unsere Anschlussflieger verpasst haben, in Sidi bel Abbès, beide mit Glausers *Gourrama* im Teehaus, im Jacob-und-Wilhelm-Grimm-Zentrum Berlin, wo wir am gleichen Tisch Briefe schrieben, im Kino in Tokio, wo wir die einzigen Lars-von-Trier-Zuschauer waren, in New York im Starlight Café im American Museum of Natural History, wo wir mit unseren Tabletts fast zusammenstießen, in der Buchhandlung Calligramme in Zürich, wo wir das gleiche Buch sahen, in Camogli, wo ich Dir mit dem schweren Koffer aus dem Zug half ...
Ja, ich glaube, wir sind uns öfter begegnet, als wir es glauben mögen. Unser Gedächtnis ist einfach nicht stark genug.
Lino

... Danke Dir für Deine schöne Aufzählung: Dürfte es auch noch il ponte dei sospiri in Venedig sein?
Julia

Lieber Lino,
bin noch müde und trotzdem wach! Auf meiner Uhr ist es jetzt genau 04 Uhr 20. Ich halte Deinen Brief in den Händen und denke: Schon nicht recht, immer nur Papier oder nicht mal Papier, nie bis anhin warst *Du* es, den ich einfach in

meinen Händen halten konnte, Deine Haut spüren, nein, nein, nicht mal einen Blick in Deine schönen Augen werfen: und das ist doch immer und immer wieder das Verrückteste an unserer Geschichte: Liebe entstand sozusagen durch nichts, ein paar Briefe und basta! Das haut mich bis heute um. Eigenartigerweise wirkt sie aber trotzdem für mich kein bisschen verdächtig oder so, ja von Tag zu Tag mehr bekam sie eine »Daseinsberechtigung«, scheu zwar und manchmal auch zittrig, als warte sie nur auf unser kleines oder großes Zugeständnis. Weißt Du, wann es angefangen hat, nicht mehr bloß Briefpost, sondern Liebesbriefpost zu werden? War da nicht von Anfang an, zwar sehr unsichtbar und dünn wie Seide, so ein eigenartiges Rauschen mit dabei? Ich weiß es noch sehr genau: Die erste Unruhe, oder besser eine Spannung erfasste mich in der Bergferienwoche, aber natürlich immer mit einer sofortigen und ziemlich klaren Beschwichtigung im Sinne von: hast jetzt nicht mehr alle Tassen im Schrank oder was. Und weißt Du was? Vielleicht war halt diese Ewigkeit da, ohne dass wir es bemerkt haben, lieben wir uns schon eine Ewigkeit!
Weißt Du, als wir unseren ersten gemeinsamen Aufenthalt in der Stadt am Meer zu planen begannen, dem einst ein ganz und gar harmloses Erwähnen eines möglichen Besuchs in der nun von Dir bewohnten Metropole vorausging, um mit mir das versprochene Glas Wein halt dort zu trinken,

... Es sei denn, Sie würden auf einer Ihrer vielen Reisen einmal zufällig auch hier in dieser Metropole Zwischenstation machen. Ob hier allerdings der Wein wirklich gut ist, übersteigt im Moment meine Kenntnis ...

da habe ich nur wenige Tage gebucht, denn ich hatte nicht im Sinn, Dich, Deine Zeit und Lust, mit einer Unbekannten

herumschlendern zu müssen, zu strapazieren. Ich dachte an einen einzigen Tag mit Dir, ja, das dachte ich damals: Besser nicht übertreiben! Jetzt möchte ich fast schon verlängern, was ja schlecht geht, aber das Denken daran geht trotzdem, und als hätte ich maßlos übertreiben sollen, denke ich jetzt: mindestens einen Monat...
Hättest Du Angst vor zehn gemeinsamen Tagen mit mir? Hättest Du Mühe mit einem Monat, mit einem Jahr? Ach Lino, diese Vorstellungen!
Aus einem enorm frühen Morgen
Julia

Allerliebste Julia,
ich muss am Morgen immer zuerst sehen, ob alles noch da, die Hände nicht davongelaufen sind, die Stimme irgendwo im Keller wieder finden, die Vorhänge vor den Augen endlich aufziehen, den Füßen das Gehen neu beibringen und die Haare besänftigen. Und die Gedanken sind ausgeflogen wie Nachtvögel, und wenn der erste zurückkommt, die große Erleichterung, dass man doch nicht nur eine leere Autogarage als Kopf in den Morgen trägt. Und Du scheinst immer gleich mit allem da zu sein. Mit Antworten und Fragen zu unserer Beziehung.
Du fragst nach der Länge der Zeit, wie lange wir es miteinander aushalten könnten. Ich kann Dir jetzt ganz ehrlich keine Antwort darauf geben, weil ich nicht weiß, wie wir aufeinander reagieren. Sind wir wie Batterien, die sich auf Distanz immer wieder neu laden, oder laden wir uns ständig aneinander auf, sodass wir jahrelang in der Umarmung verharren könnten, ohne dass es uns stört? Wenn ich unsere Briefe ansehe, so gibt es eben, erstaunlicherweise, sage ich, beide Momente gleich stark nebeneinander. Die Briefe wollen da offensichtlich nichts vorwegnehmen. Es ist

eigenartig, aber mich stresst im Moment keine der beiden Vorstellungen. Es ist in mir eine zärtliche Neugier, eine geradezu geschwisterlich fürsorgende Zuversicht, eine gespannte genießerische Lust auf alles, auf Dich, auf das Spiel, auf Ruhe und Unruhe, auf jede Überraschung.
Und eine erstaunliche Unentschiedenheit: Will ich jetzt schon entscheiden, was später sein wird? Aber vielleicht ist das auch typisch männlich, diese Unentschiedenheit, die alles bis zur Verhütung den Frauen noch so gerne zusätzlich ins Handtäschchen bürdet. Es ist auch eine Miss Lina in mir, die zwar leise, aber immerhin bestimmt sagt, eigentlich tust du da nicht gut, du Mann! Liebste Julia, kannst Du leben mit einem manchmal so unentschiedenen Mann?
Und dieses Gefühl hat ja die Antwort schon lange gegeben. Es ist der Rest, der so verstockt langweilig tut. Vielleicht wird er ja noch ganz wach.
Umarme Dich, wo immer Du weilst
Lino

Liebster Lino,
es gibt diese Momente, und so einer ist jetzt einfach da, da fühle ich diese aufgestaute Müdigkeit nicht mehr nur als Müdigkeit, sondern als Ohnmacht.
Auf eine so liebe, aber durchdringliche Art sprichst Du von Deiner Unentschiedenheit, als ob ich von Dir ein klares Ja oder ein klares Nein gefordert hätte. Mein ich aber nicht getan zu haben. Ich werde das auch nie tun, Lino, nie! Und verzeih mir die hingehauchte, dümmliche Frage, ob Du Dir das vorstellen kannst usw. Wenn Dir eine innere Miss schon so genau zuflüstert: Du tust da gar nicht gut, Mann, heißt das im Klartext nichts anderes, als dass Du Dir eine Antwort schon gegeben hast, bevor ich etwas frage. Wer solche Zweifel in sich hat, den darf man nicht mit Fragen

plagen. Ich bin total erschüttert. Weißt Du, so sehr bemühe ich mich, Dir und auch mir gegenüber, nichts zu strapazieren, momentan die Dinge so anzunehmen, zu leben, wie sie sind, aber offenbar ist das noch nicht genug der Bescheidenheit für Dich. Manchmal vergisst Du, lieber Lino, dass auch ich (trotz dieser Wirrnis!), und nur für mich (weißt Du, der innere Hund sagt: da tust du aber gar nicht gut, Frau), Entscheide treffen könnte, müsste, die uns beide betreffen, und dass ich nicht gewillt bin, mich mit der Rolle einer bloßen Dulderin abzufinden. Augenhöhe muss schon sein. Was aber noch lange, lange nicht heißen will, dass Du mir Zugeständnisse machen musst, die Du nicht machen kannst. Das erwarte ich nicht, Lino. Das weißt Du! Ich sehe, dass wir beide ringen, gleich heftig. Es ist ausgeglichen. Vielleicht überwiegt mein sogenanntes Gefühlsleben gegenüber Deinem, das mich zu solch läppischen Fragen verleitet wie heute Morgen, die Dir unangenehm sind. Trotzdem, das kannst Du mir glauben, ist mir immer bewusst, dass es ein Rütteln und Fordern nicht geben darf, nicht gibt. Dort will ich mich nicht finden, nie mehr. Nimm die Fragerei einfach als momentanen Fluss, der irgendeinmal im Bachbett versickern wird, wenn es die Umstände verlangen. Mehr kann ich für Dich nicht und weniger für mich nicht tun, will mich aber auch nicht verstecken müssen vor Dir, und Du tust das auch nicht, das akzeptiere ich oder versuche es zumindest, wenn auch nicht schmerzlos, wie Du siehst, aber ich akzeptiere Deine innere Miss L. und äußere mich dazu. Lass mir jetzt doch die Freude und dieses unbescholtene Glück vor den anberaumten gemeinsamen Tagen am Meer, ganz ohne Suche nach den verschiedenen »Batterieaufladungsformen«.
Ich liebe Dich, das ist alles, Lino
Julia

... Komm, zerreiß diesen Brief, mach ein kleines Feuerchen für Dich, für mich und alle Seelen von gestern war Allerseelen und Du bist von vorgestern und vorgestern war Allerheiligen. Ich liebe Dich für Dein Staubsaugen, sogar unter unserer Briefkommode. Blitzblank sieht es jetzt da wahrscheinlich aus, wir könnten uns da hinlegen, uns umarmen, und ich glaube Dir, dass Du mir mein Irrlichtern nicht glauben magst. Mein Staubsauger hat nur halbe Arbeit geleistet ...
Ist das eine Entschuldigung oder ein Zugeständnis für die wenigstens versuchte Klarheit? Doch, doch, ja, ja, bin wieder ganz bei Dir oder könnte auch sagen, ganz bei mir, und meinen Umweg wirst Du mir jetzt sofort verzeihen.
Schreib mir wieder!
Julia

Liebste Julia,
mit fällt ein Stein vom Herzen, das bist wieder Du, die mir da liebevoll schreibt, und ich bin gleich glücklich. Mein Herz kam vorher in ein ganz eigenartiges Windlichtflackern hinein, und ich wusste nicht, was das bedeutet. Ach Julia, lass uns noch ein wenig mehr zusammenrücken auf dem engen Bänkchen der Liebe, dann haben wir viel Platz, auch für die Hochs und Tiefs, die da mit uns ziehen und sich unbedingt auch noch neben uns setzen möchten. Und wenn Dir nach müdem Weinen ist, dann hat es genügend Platz, dass Du Dich quer legst, den Kopf auf meinen Schoß, und ich Dir die Haare sachte zurechtstreichen kann, damit Du Deinen Schlaf endlich auch einmal nachholst. In der Zwischenzeit denke ich dann über meine an Dich geschriebenen Briefe nach, die offensichtlich immer auch ein wenig anders ankommen können, als ich es wirklich gemeint habe.
Ich liebe!
Lino

Liebste Julia,
könnte man vielleicht sagen, der größte, der universellste Grund für alle ab- und ausschweifenden Kometen ist die Liebe? So kommt es mir manchmal vor, wenn sie einen durchrauscht mit großem Leuchten und feurig. Dann schaue ich gerne an den Himmel und wünsche mir etwas Schönes für Julia.
Lino

Liebste,
ich wünsche Dir einen ganz schönen und feinen Tag mit Deiner Freundin in der Stadt. Schau von der kleinen, grünen Brücke auch für mich auf den Fluss. Und wenn Du abends einen Kometen über Dir spürst, so bin ich das, der sich eine schöne Ablenkung von seiner Stadt verschafft, indem er von dort weit oben über den Wolken auf Dich hinuntersehen kann. Und ab und zu zündet er sich sogar eine an da oben, er hat ja sein riesiges Feuerzeug immer dabei.
Für den ganzen Tag, es brennt gut!
Lino

Lieber Lino,
natürlich habe auch ich mir gestern, als ich das Flugticket in der Hand drehte und drehte wie einen Geldschein prekärer Währung, auch wieder Gedanken darüber gemacht, wie sich denn unsere »bloße Papierliebe« mit der wunderbaren Realität vertragen wird! Ich frage mich, ob ich komplett blauäugig bin! Ich öffne am Morgen den »Briefkasten«, und schon erfasst mich eine unerklärliche Welle aller möglichen Gefühle, die zwischen uns hin- und hergischen, eigentlich seit Anfang unseres Briefwechsels war da so

etwas wie ein unerklärlicher Zauber. Und sie geben keine Ruhe, hören nicht auf, den ganzen Tag nicht! Manchmal wünschte ich mir sogar wieder diese Ruhe zurück, damit ich wieder so funktioniere, wie es sich gehört ... Das alles erklärt noch immer nicht, ob ich, Du, wir, nicht einer Täuschung unterliegen. Weißt Du was, Lino, wir werden die wenigen Tage nächste Woche glücklich sein, ich bin mir sicher, auch wenn es wieder nur geschrieben steht, fühle ich, dass wir glücklich sein werden!
Ach Lino, kommt da wieder zu viel in Deine, wie Du sagtest, leere Kopfgarage?
Ja, das ist schön, das alles mit Dir zu teilen! Bin glücklich heute Morgen und denke an Dein mögliches erstes Augenblinzeln, nein, ich sehe gerade, es ist zu früh, trotzdem sind meine Hände an Deinem Gesicht, und Du schläfst!
Julia

Allerliebste liebste Julia,
park doch Deinen Wagen in meiner leeren Kopfgarage, Du kannst ihn auch vollkommen quer und verkehrt hinstellen, es hat da allen Platz. Ich liebe Dich mit jedem Missverständnis ja mehr, merke ich, und schon deswegen würde ich die Verkehrspolizei nie und nimmer benachrichtigen. Mit Dir ist es einfach jetzt schon so schön, dass ich mir gar nicht vorstellen kann, dass unsere gemeinsame Zeit da am Meer nicht auch schön wird. Das ist ein Urvertrauen! Nur schon Dich mit Deiner wohltönenden Stimme, die mir jedes Mal nach dem Telefonieren sanfter und voller vorkommt, um mich zu wissen, macht mich ganz verträumt. Eigentlich müsste man Dich abholen können, wie sie gestern hier diese Limousine abholten: mit diesen blau blinkenden Polizeimotorrädern und dem Trillerpfeifen, die wie leicht kitschige Märchen-Herolde aus einem Walt-Disney-Film

anmuteten; die Leute starrten auch entsprechend hin.
Weißt Du, mittlerweile glaube ich, dass unsere brieflichen Missverständnisse nichts weiter waren als eine Prüfung!

Ja, eigentlich sollte man ja wirklich nicht klagen, wenn einen die Liebe auszeichnet, und doch tun es alle seit Urzeiten. Ob ich Sappho oder Pindar aufschlage, sie klagen. Und das lesen die Nichtverliebten und staunen, dass es so etwas gibt, oder halten diese Angelegenheiten für ein wenig verschroben ...
Es ist mit der Liebe bei allen ein wenig anders und doch so ähnlich. Ein Krankheitszustand, der unendlich Unerwartetes gebiert. Es ist, wie wenn man als Kind den ganzen Tag ans Schenken denkt und vom Dachstock bis in den Keller hinunter Dinge zusammensucht, die man dem anderen noch schenken könnte, unerwartet spannende und verblüffende Dinge. Ja, das ist ein merkwürdiges Leiden.
Ich halte Dich umarmend fest, damit Du nicht schon wieder die Wände hoch musst. Das ist kein schlechter Anfangssatz für einen wunderschönen Morgenwunsch
Lino

Mitte November 2005

Er erwartete sie in der Ankunftshalle. Bevor er sie sehen konnte, putzte sie sich mit einem Taschentuch den Lippenstift weg, weil sie an einen Kuss dachte. Alle, die sie schon geküsst hatte, beklagten sich über leidige, bleibende Lippenstiftspuren, obwohl sie ja nicht die Hemden der Herren, sondern deren Lippen küsste, die die Geküssten vermutlich mit dem Hemdärmel hinterher putzten. Hörte sie dann auf mit dem Küssen, beklagten sie sich doch wieder über die fehlenden Farben der Zuwendung. Bist du plötzlich geizig?, konnte sie gefragt werden.

Sie dachte an die vielen Briefküsse, die Umarmungen.

Er trug kein heikles Hemd und es hätte keine Rolle gespielt, wenn auf diesem Hemd ein paar rote Spuren zwischen den Karos verlaufen wären. Sie sah ja nur den Kragen, der aus dem dunklen Pullover ragte, über dem er eine schwarze Jacke trug. Bis sie vor ihm stand, hatte sich die Vorstellung eines Kusses, einer Umarmung längst verflüchtigt. Ganz unbeholfen standen sie sich gegenüber, die Köfferchen vor ihnen, und dann lachten sie, sahen einander nur an. Kurz streiften sich ihre Ärmel, als sie ihren Koffer mit der linken und er seinen mit der rechten Hand zog und sie zum Ausgang liefen, einander hin und wieder betrachtend das Perron erreichten, von wo der Zug in die Stadt fuhr, die am Meer lag. Es regnete, kalter Wind fuhr durch ihre Haare, Blätter wehten durch die Luft. Sie dachte an all die unzähligen Briefe.

Es war November, und es war der seltsamste November, den sie je erlebt hatte. Nie zuvor hatte sie im Winter einen Küstenort aufgesucht. Wozu auch? Ihr gebirgiges Nebelmeer um diese Jahreszeit zu verlassen, um das richtig flache Meer zu sehen, war ihr als total vertane Zeit erschienen. Denn die Nebel, die im Herbst in ihrem Tal lagen, sahen, wenn sie auf den Berg stieg, genau so aus wie das richtige Meer. Ein Meer, das sich mit fortschreitendem Tag wieder in eine ganz gewöhnliche Landschaft, in ein Dorf, in ein Tal verwandelte, umzäunt von Bergen, von denen jeder Fernblick abgefangen wurde, als hätte es sich bei diesem In-die-Ferne-sehen-Wollen um ein vorsätzliches Ausreißen gehandelt, um ein neugieriges Kind.

Dass das Hotelzimmer bei ihrer Ankunft nicht bezugsbereit war, kam ihnen sehr entgegen. Von einem stürmischen Wind begleitet, peitschte der Regen im Fallen zuerst in jede nur denkbare Richtung. Selbst das Meer wühlte in seiner Tiefe und schmetterte das sandverschmutzte Wasser schäumend ans Ufer. Die Stadt sah grau und unwirklich wie eine Kulisse in einem Tarkowski-Film aus. Es fehlten nur schwimmende Kerzen auf dem Meer.

Sie lachten.

Sie durchstreiften im Regen die Altstadtgassen, und in einem der kleinen Geschäfte kauften sie einen Schirm. Nicht groß genug für sie beide, aber gerade deshalb einladend für die noch nicht unbedingt passende und doch erwünschte Nähe. Sie legte ihren Arm in seinen Arm, den er ihr freundlich lächelnd hinhielt. In einer Passage rauchten sie eine Zigarette, legten den Schirm auf den Boden, liefen weiter, wieder ihre Arme ineinandergelegt, es regnete noch immer, aber den Schirm auf dem Boden hatten sie vergessen, und sie vergaßen beim Laufen, dass sie verregnet wurden. Das bemerkten sie erst im Lokal, wo sie sich an den Tisch setzten, einen Kaffee tranken, er einen Schokomuffin in ihre Mitte stellte, von dem sie kleine Brocken wegbrachen, als ob es sich um das Abtragen eines kleinen Felsgesteins handelte, um von zwei Seiten auf eine Mitte hinzugelangen, wo nichts mehr da war außer ihren Händen, ihren Fingern, die sich in zarter Geste berührten.

Und Regen aus ihren Haaren auf den Tisch tropfte.

Sie suchten die Passage wieder auf, wo der Schirm noch immer da, wo sie geraucht hatten, auf dem Boden lag. Der Wind hatte inzwischen zugenommen. Der klappte den Schirm ständig himmelwärts, und als sie im Hotel ankamen, waren von ihm nur noch gebrochene, herabhängende Speichen zu sehen, zerrissene Stoffstücke, die da und dort noch an den Eisenstäbchen befestigt fröhlich in der Luft flatterten.

Die Dame an der Rezeption nickte, als sie den Hoteleingang betraten, öffnete die Tür, hinter der sie ihre Koffer eingestellt hatten, drückte ihnen den Zimmerschlüssel in die Hand und sagte: Have a good time!

Sie fuhren im Lift hinauf, in dessen Spiegel sie sich anschauten, sich anschauten und anlachten, aufgeregt wie Kinder, die aufs Riesenrad dürfen oder ins Spiegelkabinett.

Sie stand am hohen Fenster zum Meer, sah über den Wellen die wild durcheinanderfliegenden Möwen. Ihr Kreischen hörte sie nicht, konnte es nur erahnen. Aber sie spürte ein Brennen in ihren Augen, das sie fühlte, wenn sie überwältigt wurde von nicht benennbaren Erschütterungen.

Er stand neben ihr am Fenster, dem anderen Fenster, den Blick auf das gleiche wilde Meer gerichtet, auf die Möwen. Zwischen ihnen ein Zeitfenster, dessen Glas ihnen so dünn und zerbrechlich schien, dass sie es nicht zu berühren wagten, in still verharrender Aufregung weiter aufs Meer blickten und zusahen, wie eine frühe Dämmerung sich in Gelassenheit vorwagte, als vollführe sie hier und vor ihnen die ersten, die kleinsten Schritte hin zu einem großen dunklen Geheimnis. Er wandte sich ihr zu, legte ihr sanft einen Arm auf die Schultern. Seinen Mund an ihrem Haar, spürte sie seinen Atem, den ersten zarten, hingehauchten Kuss.

Hinterher sahen sie rund ums Bett verstreut ihre Kleider liegen, als hätten sie es eilig gehabt.

Später, als sie unten im hoteleigenen Restaurant am Tisch saßen, zu Abend aßen und ein Glas Wein tranken, sagten sie:

Wie ist das nur möglich!

Tage voller Gespräche folgten, an denen sie am Meer entlangspazierten, durch die Altstadt flanierten und durch alle die Gefühle hindurch wie durch einen noch nie entdeckten Ort. Wie vertraut sie sich dabei waren. Von Anfang an. Das dachte sie jeden Morgen beim Frühstück, das dachte sie später beim Kaffee, am Meer, beim Weißwein am späten Nachmittag, wenn ihnen die Barfrau manchmal schelmisch zulächelte, weil sie etwas Schönes in ihren Augen sah, und manchmal, nur schon bei der kleinsten Berührung mit ihm oder wenn sie den Arm ihm nun wie selbstverständlich unterschob, erfüllte sie eine große Verbundenheit, so wie der Strand dem Meer vertraut sein musste, alle Tage, alle Nächte. Neben ihm erwachen, wissen, da ist er und noch immer ist er da, mit der gleichen Bereitschaft einfach da, den Tag mit ihr zu verbringen nach einer Nacht, die immer noch da war im Rausch ihres Begehrens, und mit ihm in einen neuen Tag hineingehen, um weiterzufahren mit dem, was nicht aufgehört hatte, wieder und wieder Anfang war.

Ich glaube, ich würde mit dir überallhin gehen, auch nach Reykjavik im Winter, nur mit einem Lippenstift im Gepäck.

Nicht abgeschickt

Das Wort Seelenverwandtschaft kam ihr nun auf ihren gemeinsamen Spaziergängen wieder in den Sinn, dieses verwandte Denken und Fühlen, dass ihnen nur der kalte und gegen sie wütende Wind das Wort abzuschneiden vermochte, sie sich umarmt dagegen wehrten, vom Sturm fortgetragen zu werden.

Das plötzliche Ankommen wieder im Anderswo.

Ja, diese Bescheidenheit selbst gegenüber Deinen zärtlichen Zuwendungen, Deinen spontanen Umarmungen. Ich weiß gar nicht, ob ich bei zu viel nicht ein undankbares Saubüebli werde. Habe manchmal einfach so das Gefühl!
Lino

Lieber Lino,
bei »zu viel was« würdest Du ein Saubüebli, versteh ich nicht, oder beginnst Du etwa gerade, am Zählrahmen zu spielen: Heute schon genug geküsst, heute schon genug umarmt, heute schon genug telefoniert, heute schon genug...zu viel der Schönheit: Mein Herz sackt durch Deinen Satz gerade in die alte Welt ab, wo es nicht genug abgezählte und rationalisierte Portionen von allem Diesbezüglichen geben konnte!
Wollte Dich doch tatsächlich noch kurz anrufen, stell Dir das mal vor, und stell Dir vor, ich hätte ganz gewiss gesagt, ich liebe Dich und vielleicht nichts weiter, nur das! Du machst mich ganz mutlos, Lino, so theoretisch klingt das für mich! Willst Du nicht Mathematiker werden, Soll und Haben aufrechnen, damit die Rechnung stimmt? Ich bin auf einmal verstimmt.
Und obwohl Du sagst, Du genießt es mit mir, so wie es ist, ist es Dir offensichtlich doch zu viel!
Lieb Dich halt ein bisschen weniger, damit es Dir nicht zu viel wird, Du!
Julia

Liebste Julia,
sitze hier verzweifelt vor dem leeren Bildschirm. Am liebsten möchte ich das Ding einfach runterfahren, zum Fenster rauswerfen und ins Bett gehen. Aber ich fühle, dass das am

Morgen gar nicht gut aussieht, wo ich Dir doch immer einen lieben Morgengruß schicke.
Ich habe stundenlang unsere letzten Briefe durchgesehen und bin nicht wirklich schlau geworden, was da eigentlich wirklich passiert ist. Vielleicht bin ich einfach zu kopflastig oder ich weiß nicht was, oder zu sehr in meine Arbeit vertieft. Aber das ist ja eigentlich auch egal. Habe ich halt in meiner schnellen unbeschwerten rückhaltlosen Art geschrieben, was mir gerade durch den Kopf schwirrte, und es war in dem Fall eine Schweinerei, eine Beleidigung, eine Zumutung, egal, einfach etwas, das Dir sehr ungut eingefahren ist. Und Du hast es mir jetzt deutlich gesagt. So deutlich, dass ich das nicht als Ironie nehmen kann. Ich kann es nur so deuten, dass Dich da etwas getroffen hat, was Dich seit langem störte, das sich aufgestaut hat und nun zur Standpauke geworden ist. Gut, habe ich eben wieder einmal nicht gemerkt, dass meine »überlegene«, »ruhige«, »vernünftige« Art, kombiniert noch mit »Mathematik«, »Trockenheit«, Dich irgendwie nicht nur ab und zu genervt hat, sondern auch noch alte verschissene Beziehungsmuster heraufbeschworen hat. Nun ja, ich kann damit leben, bin ich eben ein Beziehungskühler, der fast jeden Monat einmal eine Krise auslöst, die er eigentlich so nicht will. Aber sie ist dann doch da.
Aber jetzt sitze ich mit einem Mal, zum ersten Mal, vor meinem Bildschirm und merke, das darf doch nicht wahr sein, Scheißdreck nochmal, bei mir ist das Fröhliche des Schreibens plötzlich weg, zum ersten Mal seit dem letzten, unserem ersten August, einfach weg. Ich sitze hier und nichts ist. Ich möchte ein Gedicht schreiben, dessen Motive mir auf dem Spaziergang ganz deutlich durch den Kopf gingen, seit drei Stunden nichts. Wie spurlos verschwunden. Es kommt nichts, rein nichts. Was sind das für Dämonen, die mir jetzt auf einmal noch die wunderschönen

Rituale, den angestammten freimütig naiven Briefton austreiben wollen? Nur etwas ganz Einfaches, Schönes schreiben, einen schönen Gedanken. Es ist zum Verzweifeln, hoffentlich kommt das wieder. Ich habe nicht einmal die Kraft, etwas aus Inger Christensen abzuschreiben. Ich habe nur noch den Mut, Dir schlicht und einfach zu schreiben: Julia, ich liebe Dich doch!
Lino

Liebster Lino,
nichts davon, was Du da unten schreibst, stimmt! Wie sollte mich Deine Arbeit nerven Lino, das geht mich doch überhaupt gar nichts an, was Du Dir da vorgenommen hast, und ganz gewiss war das mit der Trockenheit nur ein »Zöckeln«, und das mit der Mathematik entstand ja leider gestern, als ich glaubte, es wär Dir zu viel mit der Liebe, mit der Zuwendung. Das ist sehr hart geschrieben, Lino, es verunsicherte mich. Schade, Dein Handy scheint nicht an Deinem Bett zu sein! Hätte gerne mit dem Kauz gesprochen, damit die Schriftlichkeit wieder etwas gelenkiger wird ...
Julia

Liebster Lino,
da Du noch schläfst, tippe ich nur ganz leise auf mein Maschineli! Es ist genau 04 Uhr 21, ich habe aber bis 04.00 sehr gut geschlafen. Draußen herrscht eine trockene, winterlich kalte Luft. Meine erste Handlung am Morgen ist immer, das Fenster zu öffnen, als müsste ich die Natur draußen fragen, ob ich jetzt auch dabei und mit ihr sein darf. Das ist doch im Hochsommer so wunderbar, wenn es noch dunkel, aber warm ist und alles ganz langsam erwacht und hell wird. Dann ein Blatt vor sich haben, einen

Bleistift in der Hand und beides nicht sehen und auch das Geschriebene nicht, das find ich total betörend!

Ach,
wäre doch Hochsommer, so richtiger Hochsommer, und ich sähe Dich die Fenster öffnen für all die Inspirationen, die Dich wie eine Wolke von Schmetterlingen umhüllen, sodass Du Dich, von mir aus auch um vier Uhr, mit Deinem Bleistift hinsetzen würdest für Deine erste »écriture automatique«. Ich sähe Dich in Deinem glücklichsten Tagesmoment. Für diesen Anblick würde ich schon ganz früh loswandern Richtung Alpen.
Liebste Julia
Lino

Du,
hab schon ein bisschen gekritzelt, mit einem spitzigen Morgenstift versucht, die blinde Schleiche zu vertreiben. Und Du bist bestimmt beim Morgentoast, beim Morgentee, beim Morgentau, beim Morgenrot, und könnte ich doch jetzt diesen Toast, den Tee, den Tau, das Rot an diesem Himmel mit Dir teilen. Hier schneit es, es ist kalt und so ungeniert winterlich, dass mich einfach friert!
Love
Julia

Liebe Julia,
diese seltsame Liebe von uns und zwischen uns ist etwas Einmaliges, so, dass sie längst den Nimbus eines dichterischen, eines ständig weiterdichtenden Gefühls für mich erworben hat. Manchmal frage ich mich, ob ich nicht von

genau so einer Liebe träumte, als man das Gefühl der Liebe erstmals für sich entdeckte. Als ich mit sechzehn diese ersten Träume tagträumte vom Zusammensein mit einer geliebten Frau. Und es waren damals ganz große Erzählungen, wenn ich mich richtig erinnere, also nicht einfach nur so kleine Traumüberbleibsel, wie sie mir heutzutage manchmal noch passieren. Es waren große Erzählungen, in denen die innere Übereinstimmung immer und ewig schon da war und alles andere sich von selber dann wunderbar ergab, auf Reisen, in großen Landhäusern, in stillen Gärten, vom ersten Liebesbekenntnis bis zum gemeinsam Schlafen. Und dann sind diese spannenden Erzählgespinste im Verlauf der Jahrzehnte enttäuscht, ernüchtert in sich zusammengefallen, aufgegeben worden für etwas kleines Privates, wo sich das Glück eben nur noch als Stückwerk findet, eine Mischung aus freundschaftlichen Gesten, hilfreicher Verlässlichkeit, Toleranz, gemeinsamen Freunden, Gesprächen, Reisen, alten Erinnerungen und dem gegenseitigen Bewundern beruflicher Erfolge. Man ist so nie ganz allein, aber innerlich bisweilen an ganz anderen Schauplätzen.
Und jetzt erinnere ich mich manchmal plötzlich wieder an diese frühe, jugendliche Traumkultur. Übertreibe ich da, missverstehe ich da nicht etwas? Aber ich übertreibe nicht, ich missverstehe es nicht. Und ich frage mich, wie kann so eine Art Glück überhaupt möglich sein? Und es kommt mir so unwirklich vor, dass ich jetzt eine Frau derart selbstverständlich, vertraut liebe. Dass auch ich auf dem Glas Wein in der neuen Stadt beharrte, wo ich doch sonst solche Sachen nach so langer Zeit bei schönen Frauen als vergessen betrachte. Aber ich habe die Sache mit unserem näheren Kennenlernen noch im August nicht vergessen gehabt und Dir einen kleinen Dankesbrief, er mag heute neben anderen entscheidenden »Bekenntnissen« als unwichtig

erscheinen, nach Hause geschrieben. Und dahinter kann ja noch keine berechnende Absicht gelegen haben (Don Juan und Casanova sind mir geradezu wesensfremd; vielleicht Letzterer noch etwas sympathischer, weil er immerhin viele Frauen nicht verzweifelt enttäuscht, sondern befriedigt hat sitzenlassen), denn sonst hätte ich bestimmt nicht wie blind diese »Krise« vor Deinem Workshop in F. provoziert, als alles nur noch an einem dünnen Faden hing. Es gehört zu dieser Liebe einfach etwas, das viel, viel tiefer gehen muss als das, was ich wirklich von mir selber weiß. Das macht mich so glücklich und manchmal auch wieder für kurze Momente unsicher, wenn mein Gefühlskompass rotiert, weil er so lange nichts zu tun hatte.

Zuvor diese Thomas-Bernhard-Tagung im Frühjahr, wo gar nichts zwischen Dir und mir stand und lag und Du und ich so natürlich miteinander umgingen, als wären wir uns früher schon begegnet. Und diese Stunden an der Veranstaltung würde ich zu kreativem »Stress« rechnen, da nicht von einem wirklichen Kennenlernen die Rede sein konnte. So bleiben eigentlich nur unsere Briefe als erstes Kennenlernen (sozusagen ein Date im Sinne des 19. Jahrhunderts). Aber wieso haben wir wohl so ein starkes Vertrauen in diese Schriftlichkeit, wo man doch aus eigener enttäuschter Erfahrung weiß, wie wenig solche Sachen bisweilen zählen? Dieses unglaubliche Vertrauen, das ist nicht zu übersehen. Vielleicht ist dieses gemeinsame Vertrauen die tragende Basis, sich im Menschen hinter den Briefen nicht zu täuschen. Ich finde das phantastisch. So etwas ist mir noch nie passiert!
Lino

Lieber Lino,
und das Schreiben ist weitergegangen fast täglich und dann mehrmals täglich und dann auch nächtlich, und auf einmal war dieses leise, eigenartige Gefühl da: Was geht da eigentlich vor sich? Sind es jetzt die Briefe oder ist es der Mensch hinter den Briefen, aber du kennst ihn ja gar nicht, also sind es die Briefe... Ich könnte da mit einem langen Sermon weiterfahren. Wir wissen ja, wie es weitergegangen ist, wie es jetzt da ist, wie mit den Briefen diese Liebe angefangen hat und weitergeht in den Briefen und daneben auch! Ja, plötzlich wurden es Liebesbriefe.
Öfter hab ich mir an den Kopf gegriffen, als hätte ich da nach einem großen Stück Verstand gekratzt, das mich wieder in die so schöne Sachlichkeit zurückgetrieben hätte, weil ich nicht wahrhaben wollte, dass so etwas überhaupt möglich ist! Ich weiß es jetzt, Lino, und ich wünschte mir, dass es weitergehen möge, mit Dir, mit uns mit den Briefen, genau in der Reihenfolge, weil Du plötzlich vor den Briefen stehst, nicht umgekehrt. So hat sich das verwandelt!
Was ich natürlich auch lese, Lino, ist die Aufzählung Deines »Stück-Werk-Glücks«, das Dich eine ganze Reihe »wesentlicher« Dinge auflisten lässt, die ein/Dein Glück fast schon zu einem am Stück geglückten, perfekten Glück machen, das ich in der ungefähren Reihenfolge auch bei mir auflisten könnte.
Weißt Du, manchmal höre ich all diese Stimmen, denen ich nicht erwidern kann, dass es auch da Ausnahmen gibt! Auch das ist Neuland für mich, Lino, damit umgehen zu können, dass wir eigentlich ein »reiches« Leben aufzählen können, schon ein ganzes Leben hatten, neben dem, was jetzt unsere Beziehung ausmacht: Anfang! Anfang! Anfang! Vielleicht ist das jetzt unsere letzte große Reise in etwas so Neues und Schönes, dass ich dankbar bin und ganz demütig werde!
Liebster Lino, ja, ich bleibe heute ein bisschen länger bei Dir,

ich muss Deine große Umarmung spüren, Deine Augen in mir, Deinen Mund auf meinen Lippen, all die Briefe lesen, mit Dir auf dem Bettrand sitzen, damit ich Dir sagen kann: Siehst du, alles, alles ist zusammen da, sogar die Kleider auf dem Boden, die genau wissen, dass wir ohne sie ganz gut und lieb leben können für alle Ewigkeit!
Lino!
Julia

Damals auf dem Hinflug in die große Stadt konnte sie nicht wissen, ob der Rückflug ein Absturz oder ein Flug in noch unbekannte Höhen werden würde. Sie sah durch das kleine Fenster auf das pelzige, weiße Fell hinunter, das die Silberflügel manchmal leicht streiften. Auf dem Rückflug saß sie am Gang und schaute bloß auf einen vollkommen unbehaarten, glänzenden Schädel, auf den sie am liebsten mit einem schwarzen Filzstift geschrieben hätte: Sind Sie glücklich oder unglücklich? Und dieser Mensch, der sich ständig mit der einen Hand über den Kopf fuhr, als striche er durch dickes Haar, hätte beide Wörter verwischt, als gäbe es das eine, das andere nicht.

Sie wusste, dass sie zu Hause, nach ihrer Rückkehr in ihr Zuhause, auf dem Tisch zwei Gläser vorfinden würde, eine bereitgestellte Flasche Rotwein. So war das immer, wenn sie oder ihr Mann von Reisen zurückkamen, die sie alleine unternommen hatten und bei denen sie auch erfuhren, dass sie Individuen waren, die sich hie und da einen kleinen Raum zurückeroberten, den sie im Gefüge der Familie vollkommen vergessen hatten. Sie setzten sich dann immer zusammen an den Tisch und erzählten sich *alles* Erlebte, tranken Wein, rauchten eine Zigarette, und dieses Mal war das Erzählen ein ganz anderes Alles! Sie schaute ihm durch den Rauch der Zigaretten hindurch ins Gesicht und sagte:

So, das haben wir jetzt nicht hinter, sondern erst noch vor uns. Und. Du!, jetzt wird alles ein bisschen anders. Sie betonte »bisschen«, als wollte sie mit der Lautmalerei dieses Tons dem Geschehen, ihrem Geständnis die eigentliche Lautstärke nehmen.

Soll ich gehen oder bleiben?, fragte sie und sagte: Es sieht nicht nach einer Affäre aus.

Bleiben, sagte er. Aber du kannst ruhig immer gehen, wenn du ihn sehen willst.

Er sagte das ohne jede Ironie, in einem gutmütigen Ernst. Und:

Die ganze Welt ist doch voll von diesen Geschichten, warum sollte es ausgerechnet uns beiden anders ergehen?

Und die Kinder?, fragte sie.

Die sind ja nicht mehr Kinder, das vergisst du immer, dass sie jetzt erwachsen sind. Ihr einziges Recht jetzt ist zu wissen, dass ich es weiß. Sie gehen ihren Weg, und wir kommen von der alten Straße auf eine andere, neue, deren Ende wir nie kennen werden, wenn wir nicht weitergehen.

Sie wussten es beide gut genug, dass die Arbeit an und mit der Liebe immer alles bedeutete: Urknall und Kraterbesichtigung zugleich. Manchmal sagten sie zueinander: Das ist ja schlimmer als jede Arbeit in einem Kohlebergwerk. Mehr konnten sie dann nicht sagen. Oder sie besuchten irgendeine verrückte Ausstellung und fanden, dass sich ihre Ansichten, ihre Übereinstimmungen auch nach Jahren nicht wesentlich voneinander unterschieden. Auch dazu konnten sie nicht viel mehr sagen.

Er sagte:

Du willst also wirklich noch einmal durch alle Strudel hindurch?

Die leise Ironie, die seine Worte begleitete, galt ihm genauso wie ihr, und sie bezog sich mehr auf die von ihnen gemeinsam erlebte Gartenarbeit denn auf ihr neues Rosenbeet. Es lag vor ihr wie ein Stück unbegangene Zeit, wie eine noch im Schatten liegende Herausforderung, die im hellen Licht betrachtet in jede nur denkbare Richtung wachsen konnte, anfällig für jede Laune der Natur.

Vor Jahren einmal, als sie selber noch keine Runzeln hatte, hatte sie eine ihr gut bekannte ältere Frau, die sich über das, wie sie ganz entrüstet sagte, ekelhafte Altwerden beklagte, regelrecht angeschrien und sie mit der doch ansonsten tadellosen Gesundheit konfrontiert. Wie ein Trommeln an einen Felsen prallte das an dieser Frau ab, genauso, wie es jetzt wie Schmierseife bei ihr selber wirkte, wenn jemand ihr ein Kompliment machte oder zumindest sagte: So schlimm ist das nun auch wieder nicht. Statt zu sagen: Du siehst doch immer noch ziemlich gut aus, brauchten sie das «nicht so schlimm«. Sollte sie diese Frau jetzt anrufen, ihr sagen, dass sie auf dem besten Weg war, sich so verblüht, wie sie nun mal war, noch einmal zu verlieben? Hätte ihr sagen können: Du, weißt du, das Schlimmste ist nicht das Älterwerden, das Schlimmste ist, sich in dem Alter wieder zu verlieben, und schlimm ist, sich Sorgen darüber machen, zwischen den Beinen womöglich nicht mehr feucht zu werden. Nein – das wollte sie nicht! Nicht anrufen und noch viel weniger wollte sie sich verlieben. Was in ihrem Inneren zunehmend schwelte, wollte sie mit allem an sich selber Störenden und den bestehenden Äußerlichkeiten zum Erlöschen bringen. Das waren alles gute Gründe, dem Feuer die Stirn zu bieten, denn diese Stirn war schneller nass als die Scham.

Ende November 2005

Guten Morgen, liebster Lino,
ziemlich gut geschlafen und erst gegen halb fünf wach, mach Dir keine Sorgen deshalb! Es ist einfach nur langweilig. Das einzige, was daran nicht langweilig ist, wenn es dann bestimmend wird im Umgang mit denen, die um mich herum leben, sodass mich alle fragen, hey Julia, wo ist denn Dein überschäumendes Leben, und ich dann innerlich ganz erbost denke, verdammt nochmal, darf ich auch mal müde sein oder seid doch selber mal lebhaft oder stellt doch nicht so blöde Fragen usw. usf. Manchmal hab ich das Gefühl, ich müsste die ganze Lebhaftigkeit für alle rund um mich herum abdecken, um dann aber beim kleinsten Zeichen ihres Gegenteils sofort dafür kritisiert zu werden, waaaaas, du willst schon nach Hause, sagen sie dann ungefähr um zwei Uhr nachts, so kennen wir dich doch gar nicht …
Ich lese noch was Langweiliges, dann schlafe ich vor dem zweiten Satz ein …
Aber Lino, am liebsten bin ich doch morgens um vier Uhr wieder an Deinem Rücken, streichle ganz sanft über Deine Wirbel, und wie Du weißt, bin ich dann immer sofort wieder eingeschlafen. Ganz ohne jeden Schimmer im Kopf immer gleich wieder eingeschlafen.
Ich bin immer wieder erstaunt über Deine Zuversicht, wie *Du* diesen nächsten Monat hinter Dich bringen wirst. Heute, als ich erwachte, war es das Erste, was mir durch den Kopf schoss: Meine Güte, noch ein paar Tage, und dann ist Schluss mit den Briefen für lange Zeit! Mich erfasst dann so ein ängstliches Gefühl, weiß eigentlich gar nicht so recht, in welche Richtung dieses Gefühl geht, aber spätestens in der »Praxis« wird es mir dann schon den Weg zu seinem

»Taufstein« zeigen, und vielleicht kann ich ihm dann einen anderen Namen geben, einen etwas poetischeren. Das wünsche ich mir, dass alles einen neuen Namen bekommt! Gibt es diese unterschiedlichen Herangehensweisen an Gefühle wie an Texte? Vielleicht unterscheidet uns das: Der Anglist schreibt darüber, und die – weiß eigentlich gar nicht, was ich bin – sagen wir Kammerzofe, ja genau, die Kammerzofe weint jetzt schon darüber, dass sie seine Briefchen nicht mehr jeden Morgen lesen kann, Briefe, die bezaubernd waren, dass man sie nur vermissen kann. Och Lino!

Ach, was geht mir um diese frühe Zeit wieder alles durch den Kopf: Deine Partnerin ist bei Dir und wir werden uns keine Briefe schreiben. Manchmal möchte ich einfach für alles wieder taub werden wie eine gleichnamige Nessel! Der einzige Rettungsring ist, dass diese Vorweihnachtszeit immer ziemlich überfrachtet ist und ja auch noch berufliche Pflichten anstehen. Und obwohl ich seit Jahren versuche, dieser Überfrachtung ein Ende zu setzen, muss ich heuer fast froh sein, dass es noch immer eine ist. Hab mir ganz fest vorgenommen, Tagebuch zu schreiben, da kann dann von mir aus schon mal ein Braten im Ofen nach einer anderen Hand schreien ... oder ganz einfach verbrennen.

Lino, wach gut und ausgeschlafen auf, und gestern wolltest Du mal wieder gar nicht über Deine Stimmung sprechen! Ich muss das wohl oder übel akzeptieren. Er ist einfach so dieser Kauz ...

Du, ich bin in Gedanken bei Dir in der Fremde und weiß doch, dass ich wieder gehen muss. So ungefähr fühlt sich das an: Kurz anklopfen, Dein Gesicht sehen und dann wieder gehen!

Julia

Aber Julia, was treibt Dich da jetzt um, das wusstest Du doch!
Lino

Ja, ja, klar wusste sie es doch!
Darf sie sagen, dass dieses »es« um das Wissen treibt wie ein kleines, taubstummes Schiffchen, nur dem Meer gehorchend, sonst gar niemandem? Ja! Nur diesem Meer in uns.
Lieb dich
Julia

Wie stark ihr die Wirkung der Briefe schien! Wie stark auch eine gelebte Ehe, wie eine Verbindung von Seil und Gondel, in der es doch genug Platz gab für mehr als nur diesen einen Menschen.

Sie erinnert sich an die Liaison ihres Mannes, an die junge Frau, wie sie einmal mit ihr am Tisch saß, in ihr schönes Gesicht blickte, in die hellen, unschuldigen Augen und darin den Glanz sah, wie ihn nur Verliebte haben, und darin nichts Berechnendes erkennen konnte und sie ihr trotzdem die Frage stellte:

Wie machen wir das?

Und so fragte sie sich auch jetzt, Jahrzehnte später: Wie machen wir das?

Sie konnte die Frage aber nur sich selber stellen, denn sie kannte die Frau nicht, die seine Partnerin war.

Genügt das, sich eine Vorstellung zu machen, musste es überhaupt eine geben?

Darauf hatte sie keine Antworten.

Wir schauen, hatte die junge Frau damals zu ihr gesagt, und sie erinnert sich, dass das ganz unerhört in ihren Ohren klang und sie doch wusste, dass es das einzig Richtige war. Sie traute das nun ihren Augen auch zu, aber es ging ja nicht bloß um ihre Augen, sondern auch um die der anderen Frau, die sie noch nie gesehen hatte. Ganz zu schweigen von den inneren Wirbeln, die jede für sich selber zu bewältigen hatte, von sämtlichen Sehschwächen, von den leidigen und an Kleinmut grenzenden Überfällen der Ausschließlichkeit.

Sie schämte sich dafür, so wie man sich schämt, vor einem Hungernden ein Stück Brot oder Kuchen zu essen.

Liebe Julia,
ach weißt Du, wenn meine Briefe nicht eintreffen, wenn das wenige kühler klingt, so musst Du einfach wissen, dass es in mir drinnen eher brodelt und kocht. Für mich wird ja im Dezember die Frage im Raum stehen, ob das für mich so geht, so weitergeht, oder ob ich meine angestammte Beziehung allmählich in etwas verändern will, das eine weitere Beziehung offen toleriert.
Weißt Du, liebste Julia, am wenigsten weiß ich manchmal über mich selber Bescheid. Oder da habe ich am wenigsten Worte oder am wenigsten Erfahrung, meine Gefühle darzustellen. Ich bin ja ganz ähnlich wie Du, auch lebhaft für die anderen (wunderbare Formulierung!), und vergesse dabei immer mich und mich. Aber was soll ich schreiben: ich bin immer sehr glücklich, wenn ich an Dich denke. Du bist das Beste an meinem Aufenthalt hier in der großen Stadt, ich lese täglich mit Genuss Deine Briefe. Bin dann immer gleich unglücklich, weil ich den Wunsch nicht ausdrücken kann, dass Du die ganze Zeit fest um mich wärst und Dich an mich drücktest. Zu meinem Liebesglück gehört auch das ständige Abwesenheits-Unglück. Ich ahne, dass wir in dieser Spannung so glücklich groß geworden sind. Und dann bin ich wieder glücklich und kann dieses Glück so gar nicht in klare Worte fassen. Ist der Tee dann reiner, das Brot

gebackener, die Butter buttriger und der Honig purer? Mir kommt es so vor. Aber wie Du an solchen Dingen beteiligt bist, verstehe ich nicht wirklich: denn der Tee war genauso verpackt wie gestern, niemand hat das Brot im Backofen aufgebacken, die Butter lag unberührt im Kühlschrank und, ja, das Honiglöffelchen … Vielleicht war da ja was …

Du sollst keine Nessel mehr werden! Weil unser Schweigen ja kein bös gemeintes, kein unterdrückendes, abschiebendes, ignorierendes ist. Vielleicht werden wir ja auch nicht immer schweigen, sondern ein Briefchen losschicken. Aber wir werden vom anderen nicht sofort Antwort erwarten, deswegen keine Fragen stellen, oder wir werden nicht erwarten, dass er immer zur selben Stunde schreibt. Es hat doch viele Paare gegeben und gibt sie, bei denen einer von beiden oder sogar beide im Gefängnis saßen oder sitzen. Und sie haben sich auch nicht einfach nicht mehr geliebt. Ja, sie haben sich sogar Zeichen zukommen lassen, listige, vorsichtige, verschwiegene Zeichen.
Liebste Julia, ich lieb Dich
Lino

Liebster Lino,
gerade ist mir an meinem Schreibtisch das wunderbare Buch von Joseph Brodsky *Ufer der Verlorenen* über Venedig wieder in die Hände geraten. Kennst Du es? Habe darin gelesen und konnte wieder nicht aufhören, darin zu lesen, und hab aber jetzt doch aufgehört, weil ich Dir ja unbedingt schreiben will nach einem langen, kalten, bisig-bissigen Spazier- oder eher Schnellgang. Beim Nachdenken über eine Möglichkeit, im Gefängnis zu landen, ist mir leider nichts, aber gar nichts eingefallen, und ich dachte, also dann bleibst du jetzt mal vorläufig auf freiem Fuß und fragst den

Lino, was du alles tun könntest, um seine Sätze besser verstehen zu können: »Ich bin dann immer gleich unglücklich, weil ich den Wunsch nicht ausdrücken kann, dass Du die ganze Zeit wirklich fest um mich wärst und Dich an mich drücktest.« Oder: »Zu meinem Liebesglück gehört das ständige Abwesenheits-Unglück.« Oder: »Wie Du an solchen Dingen beteiligt bist, verstehe ich nicht wirklich.« Lino, willst Du mir ein bisschen deutlicher oder klarer sagen, was Du damit wirklich meinst? Möchtest Du sagen, dass Du keine Gedanken oder Vorstellungen daran verschwendest, in welcher Form sich ein Zusammensein für uns gestalten lässt, sondern Du dieses sogenannte Glück nur in der immer wiederkehrenden und nötigen Distanz leben könntest? War ja noch nie wirklich ein Thema, die Größenordnung unseres Zusammenseins, und um es wirklich richtig und nicht wieder so falsch wie letztes Mal zu verstehen: Lino, erklär mir bitte, wie Du das alles genau meinst.
Du musst mir nichts über das Zusammenleben mit Deiner Partnerin verraten, ich habe Dich auch nie danach gefragt, und in diesem Sinne könnten ja alle Beteiligten Angst vor dem Verlust an Intimität mit dem Einhergehen der Indiskretion haben, wie Du mir das schreibst. Nur war Indiskretion noch gar nie und ganz und gar nicht meine Sache. Dieses Sich-aufeinander-verlassen-Können, das muss schon gewährleistet sein und ist es auch. Aber wie Tote können wir alle trotzdem nicht damit umgehen oder leben. Es wird uns aber alle schmerzen, so viel ist gewiss.
Weißt Du, Lino, wenn Du das wirklich so siehst, sind wir eh verloren füreinander und stecken wieder in unserer, wie wir sie seither nennen, währschaften Oktober-Revolution fest, damals, als Du sagtest, ich hätte so andere Vorstellungen von Dir und mir, die zu erfüllen Du nicht bereit wärst, obwohl ich Dich mit keiner einzigen Vorstellung je konfrontierte, unterstelltest Du mir damals eine, als hättest Du

Deine eigene, unbemerkt von mir, gerade auf mich projiziert, lieber Lino. Was soll ich denn tun, sagen, damit es überhaupt noch richtig ist für Dich? Aber wie schon gesagt, ich möchte diese Sache diesmal wirklich mit der nötigen Sorgfalt und Achtsamkeit an- und ausgesprochen sehen. Alles andere macht mich nur unglücklich.
Du Lino, vermisse Dich und schreib mir bald, wie Du das alles meinst.
Julia

Liebe Julia,
ja, den Brodsky habe ich vor Jahrzehnten einmal gelesen, ich erinnere mich an die betörende Sprache, fühlte mich in diese Stadt zurückversetzt, in der ich als Kind mit meinen Eltern längere Zeit verbracht habe. Aber es liegt weit zurück.
Ich musste erst alles wieder nachlesen, Liebste, was ich da geschrieben habe. Also Abwesenheits-Unglück ist eine Beschreibung, keine Norm, wie ich es wirklich haben möchte. Ich will nicht einfach etwas Dummes machen vor Glück oder Unglück, mich volllaufen lassen oder in den hiesigen Fluss springen oder solche Dinge. Ich merke, da liegen unsere Missverständnisse jeweils begraben. Ich könnte ja irgendwas schreiben, etwas gefühlsmäßig dramatisieren in Worten, aber das liegt mir so gar nicht, denn dann klafft für mich eine Lücke zwischen dem, was ist und was geschrieben steht. Ich gehe ja nach wie vor meinem »gewöhnlichen« Leben nach, kaufe ein, koche, schlafe, lese, staubsauge, schreibe, obwohl ich liebe. Oder die Abweichungen sind so, dass es dieses gewöhnliche, unscheinbare Leben verkraftet. Aber ich empfinde mich nicht in einer Lage, wo vor lauter Liebesgedanken gar nichts mehr geht: keine Zeile entsteht, ich nicht mehr hier sein will, ich Dir irgendwo die

Hölle bereite, indem ich da einfach ungefragt auftauche und, und, und.
Stimmt, bei all diesen Unklarheiten kommen wir jedes Mal in Krisenhaftes hinein. Insofern steckt da schon des Pudels Kern für unsere Beziehung. Vielleicht treffen da auch einfach Dein neugieriger Mut und mein lebensfeindliches Misstrauen aufeinander, und das ergibt an sich noch keine wirklich tragfähige gemeinsame Perspektive für die Zukunft, finde ich. Aber ich kann die Lösung genauso wenig jetzt einfach herbeischreiben, wie ich das Thema gänzlich weg- und abschreiben könnte.
Ich weiß doch auch nicht, es geht mir so vieles durch den Kopf, was sich gegenseitig ausschließt. Vielleicht müsstest Du mir eine »Auszeit« von einem halben Jahr verordnen, damit ich all meine Dinge überdenke, damit ich einmal wirklich substanziell und souverän über dieses Krisenhafte hinausgelange. Es macht ja auch nicht viel Sinn, wenn ich merke, dass etwas Entscheidendes gesagt werden müsste, zum Beispiel: Hey, Julia, wir gehen auf den Zuckerhut, für ein halbes Jahr!, aber es erfolgt meinerseits nur Blabla ...
Lino

Lieber Lino,
heute dachte ich, wir hätten uns einfach noch ein zweites Mal sehen sollen vor diesem nun wie unwirklich einbrechenden Dezember! Du erwartest den Besuch eines Dir lieben Menschen, und ich sitze hier zu Hause mit einem mir auch lieben Menschen. Bin trotzdem heftig versucht, nur Du und Ich zu denken. Würde am liebsten sogar das Und streichen. Vielleicht wären wir durch ein kurzes, nochmaliges Beisammensein für die ganze, andere, nun folgende Zeit richtig aufgefüllt gewesen mit all den Zärtlichkeiten und Worten und dem Lachen und einem stillstehenden Augen-

teich! Nicht, dass das nicht alles da ist, Lino, alles ist sehr stark da, aber Du hast doch mal vom Aufladen der Batterien gesprochen ... ach Lino, jetzt rede auch ich davon. Ich umarme Dich und ich bin ganz nah bei Dir Du
Julia

Liebe Julia,
ja, wenn Du von den Batterien schreibst, dann bin ich glücklich, dass ich mit dem Ausdruck damals nicht ganz unglücklich lag. Ja, wir liegen im Moment einfach so ganz unglücklich fern voneinander, und jetzt will uns der Dezember auch noch alle stillen Zeichen des inneren Vulkans wegneutralisieren. Aber dann denke ich wieder, wenn wir uns noch einmal vorher gesehen hätten, wäre es noch schwerer, aneinander zu denken im Dezember. Liebste, wir werden es das nächstes Jahr besser machen. Womit ich nicht gesagt haben will, dass wir es dieses Jahr falsch gemacht haben. Aber wir haben uns ja überhaupt erst einmal »kennenlernen« müssen in diesem Eilzugstempo, sodass wir heute das Gefühl haben, wir kennen uns schon von Kindsbeinen an. Ich will Dich einfach nächstes Jahr viel, viel mehr sehen und in der Nähe haben, ganz nah Dir sein.
Ich will, dass unsere schriftlichen Zeichen nicht so einseitig dastehen im Vergleich zu unseren Liebesgesten, unserm körperlichen Zärtlichsein, unseren gehauchten Worten, den Gesprächen, dem Weintrinken, Rauchen und Essen und und und und.
Wie freue ich mich auf unser nächstes Wiedersehen im Januar. Auch dass es wieder die Stadt am Meer sein wird, als ob wir da einen Anfang fortsetzen wollen, noch lange nicht alles gesehen haben, nennen wir sie ab jetzt *unsere* Stadt. Aber da hüpfst Du schon raus aus dem Bett, trinkst

den heißen Cappuccino, und ich habe gerade noch Zeit, Dir nachzurufen: Beginn Deinen Morgen ruhig und gemütlich. Denn ich liebe Dich!
Lino

Dezember 2005

Verstehen Sie? Das Leben ist reine, klarste, dunkelste, kristallinische Hoffnungslosigkeit... Dahinein führt nur ein Weg durch Schnee und Eis in Menschenverzweiflung, dahinein, wo man hingehen muss; über den Ehebruch des Verstandes.

Thomas Bernhard

Heute ist der letzte November und morgen der erste Dezember. Am Montag ist der zweite Dezember und der erste Tag seit langer Zeit, an dem keine Briefe kommen werden.

So hatten sie es zusammen ausgemacht. Wieder hatten sie etwas ausgemacht, das weder Hände noch Füße, geschweige denn einen Kopf hatte.

Am Morgen lag Schnee, sie fühlte die eingebrochene Kälte, und bestimmt lagen die echten Winterschläfer schon unter der kalten Schicht im Schlaf, und am liebsten hätte sie das auch getan. Ein langer Schlaf, verlangsamter Herzschlag und Niederpuls, das wäre jetzt das einzig Richtige für sie.

Ja, ich habe im üblichen Zeitgefüge geschlafen! Jetzt im Dezember will ich damit umstellen, auch wenn ich dann ein paarmal abends stehend einschlafen sollte: Ich erwarte

ja am Morgen nichts, keinen Brief, und ich kann dann vielleicht vor lauter Sehnsucht gleich wieder einschlafen, obwohl sie ja nicht unbedingt ein Benzodiazepin ist, wahrscheinlich eher Ritalin, das seit neustem ja auch zur Beruhigung verschrieben wird.
Ich habe heute Morgen auch realisiert: Es ist zu spät für einen richtigen Brief, weil der vor Montag nicht mehr ankommt. Du schreibst von möglichen Briefen in der kommenden Zeit: Ich glaube, ich möchte diese Zeit ganz ohne alles probieren, ohne dass ich jetzt auch nur im Geringsten daran glaube, dass es mir gelingt. Mein Gott, wie wird das sein! Aber ich will es doch versuchen, mich abrackern für den eigenwilligen Entzug. Ich möchte Dir und mir beweisen, dass ich Dich auch loslassen kann, und ich will nicht leiden, weil Deine Briefe durch die neuen Umstände dann vermutlich anders klingen werden und die Gefahr der Missverständnisse dadurch größer wird: Unerträglich!
Du schläfst noch, und ich stelle mir Dein schlafendes Gesicht vor, das ich nie lange schlafend sehen konnte, weil, kaum hatten wir uns berührt, waren wir überwach.
Aber jetzt geht das ganz gut, ich werde nur schauen, ganz stille sein, dass Du ja nicht erwachst, Du bist so spät ins Bett gegangen!
Umarmung
Julia

Ein Dezember, der sich als besonders kalter Dezember zeigte. Sogar das Glas der Fensterscheiben war jeden Morgen von Farnkristallen bedeckt. Das vom garstigen und eisigen Nachtwind geformte Farn erinnerte sie an ihre Kindheit, als in harten Wintern vor dem Haus Wächten bis zu ihrer Scham gelegen hatten und sie tagsüber aus Schnee eine Figur formte, die Schneemann hieß. Einmal sagte sie zu ihm: Ich bin deine Schneefrau! Jeden Tag ging sie zu ihm, umarmte ihn, spürte seine Kälte durch ihre dünne Jacke hindurch. Als Kind kratzte sie am Morgen mit ihren Fingernägeln ins Eis am Fenster ein rundes Loch zur Welt, bis ihre Finger halb erfroren waren, und abends verschloss sich das Loch wieder oder während der Nacht mit den weißen, seltsamen Kreidezeichen der Kälte oder Dunkelheit.

Schon lange hatte sie keinen Schneemann mehr geformt. Und die vereisten Fenster überließ sie jetzt den Schwankungen der Natur. Sie wandte sich ihnen bloß immer wieder zu. Waren sie wieder blind vor Kälte, wärmte sie sich an flackernden Gedanken, die vor sich hin züngelten. Kaum weinten die Fenster an der Sonne, fiel der Schneemann in sich zusammen, den Kinder draußen vor Tagen geformt hatten und dessen Nase, eine rote Rübe, am Boden neben einem schwarzen Filzhut lag und ebenso die Rute, die er in der weißen Hand getragen hatte. Sie dachte, dass sich alle Geschichten immer wieder wie die Jahreszeiten wiederholten, und dass kein einziger Schneemann jemals wesentlich anders geformt wurde als schon immer. Andere Kinder, gleiche Schneemänner, andere Geschichten, gleicher Verlauf. In diesem Jahr hielten es die Schneemänner draußen etwas länger aus. Tage vor Weihnachten hatte einer von ihnen eine Christbaumkugel in der Hand, die dann allerdings an Heiligabend zersplittert auf dem Boden lag, weil die wärmere Witterung es so wollte.

Er ist da, dieser erste Tag. Sie ist früh aufgewacht. Der Himmel zeigte sich in einem klaren Kalt.

Keine E-Mail, kein Brief. Nur die Zeichen der letzten Tage las sie wieder und wieder. Sie versuchte, dem Tag eine Struktur zu geben, die Zeit, die sie mit den Briefen an ihn verbracht hatte, mit anderen Beschäftigungen auszufüllen. Beim Staubsaugen kam ihr in den Sinn, dass er in seinen Briefen vom Staubsaugen gesprochen hatte. So saugte sie Staub und dachte an ihn.

Sie erlaubte sich dabei auch ein kurzes Abschweifen an den ihr unbekannten Flughafen. Sie stellte sich das Gesicht der ihr auch unbekannten Frau auf dem Flug zu ihm vor, mit der er die nächsten Wochen verbringen wollte. Sie stellte sich *ihn* vor, wie er am Flughafen auf sie wartete. Sie stellte sich die Begegnung vor, die Begrüßung, die Umarmung, die Küsse, und wie er sie, einen Arm über ihre Schultern gelegt, zum Ausgang begleitete, wie er mit ihr durch die Straßen ging, die Treppen hinunter zur U-Bahn, hinauf in die Wohnung, ihr die Tür öffnete und wie er sich ihr dann zuwandte nach langer Trennung, was sie sprachen, nicht sprachen. Aber sie hatte von all diesen Vorstellungen keine genaue, keine wirkliche, keine berührende. Nur von *ihm* hatte sie eine. Sie sah seine gewohnte und unerschütterliche Art, aus einem ungeheuren Chaos heraus so etwas wie einen netten und zuversichtlichen Stern zu basteln, dessen Glanz eigentlich eine Erfindung von Menschen ist, der das All nicht wirklich zu bezaubern wusste.

Hier erfasste sie plötzlich eine große Verstimmung, obwohl der Vorschlag der Briefstille wieder von ihr selber gekommen war, wieder, um brieflichen Missverständnissen aus dem Weg zu gehen. Dass er diesen Vorschlag, als beste Lösung zusätzlicher und wohl doch vermeidbarer Unruhe, von ihr einfach so angenommen hatte, ohne dass er viel Worte darüber verlor oder höchstens mit dem Wort Ja allen Beschwichtigungen Platz machte, erregte ihren Zorn.

Sie fühlte diese Unruhe nun allein und für sich, während er, wie sie dachte, die gewohnte Rolle spielte. Wie eine im Parkett sitzende Theaterliebhaberin schaute sie zu, wie gut er diese Rolle in einem der schwierigsten Stücke überhaupt spielte!

Der Vorhang bewegte sich, und sie merkte, dass sie vergessen hatte, auch dieses Fenster zu schließen.

Sie fühlte keine Trauer, eher eine große Verlorenheit, die Wiederkehr einer Verlorenheit, die sie kannte, seit sie Kind war, und die nie aufgehört hatte, eine zu sein, als hätte die Liebe für sie immer wieder den Sinn, diese alte Verlorenheit zu fühlen, sie zu überwinden.

Lino, es stimmt natürlich, dass ich den Vorstoß zu diesem Schweigen gab, aber dann kommt, gegen jede Vereinbarung, die wir letztlich doch zusammen getroffen haben, Dein erster, mich sehr verstörender Brief. Ist vielleicht die von Dir angedeutete »verhinderte Schreibmöglichkeit« eher eine verhinderte Sprechmöglichkeit?
Julia

Abgeschickt

Ich bin aufgebracht, lieber Lino, dass Du nicht versucht hast, Dein Herz sprechen zu lassen, und alles der Vernunft unterordnest.

Die rostige Kiefer vor dem Fenster wirkte wie eine vor Jahren hingestellte Eisenskulptur, die von Wind, Wetter und der Kälte Jahr für Jahr diesen Herbstrost wie einen Trost vor langer Kahlheit annimmt.
Mir geht es ganz ähnlich. Das nun herrschende Wetter, die Winde färben mich täglich mehr und mehr. Und schwach geworden bin ich, als hätten die nun herrschenden Winde mich zu Rostpartikeln gemacht, die haltlos durch die Welt, durch die Luft schwirren. Wie baumentlassene Blätter.
Ich kann das Du fast nicht mehr in den Mund nehmen, weil dort ein Ich wie eine Kröte hockt, die es nicht mehr duldet, einem Du Platz zu machen. Nicht unbegründet ist das: Für

mich gab es nichts Schöneres, als beides gleichzeitig im Mund zu haben. Du weißt, in U. am Meer, das war für kurze Tage ein so unbeschwertes Glück. Lange Spaziergänge, die Tage, die Nächte unbegangene Felder, jeder Schritt von uns so noch nicht getan, als ob wir das Gehen lernten, uns dabei an der Hand haltend.

Nun leuchten die letzten Strahlen an den schneeverliebten Felsen. Ich sehe von mir zu ihnen keinen großen Unterschied. Wirke kalt und hart. Das Strahlen hat seine Kraft verloren, es ist einfach da, weil das Licht diesen Weg so wählt und mir verwehrt ist, zwischen hohen Häusern auf endlosen Straßen mit Dir zu gehen und jeden Schatten dabei zu lieben, weil das Gehen mit Dir und an Deiner Hand mir mehr bedeutet als jedes Licht.

Ich versuche nicht, mir vorzustellen, wo Du gerade weilst, was Du tust und wie Du es tust.

»So schön du es kannst«, Du tust es so schön, wie Du es tun kannst, so wie im Gedicht der Inger Christensen, über das wir einige Male gesprochen haben. Und Deine Rodin-Kuss-Karte, die kann ich nicht mehr anschauen, weil ich Dir nicht glauben kann, was Du dazu geschrieben hast, und es mir jetzt vorkommt, als hättest Du das irgendwann einfach so vor Dich hin geschrieben, für unbekannt, oder womöglich hieß sie Camille.

Du siehst, es ist kein guter Tag! Es ist ein Tag voller Zweifel und voller Angst. Wie brüchig das werden kann.

Natürlich bin ich auch wieder so früh aufgewacht, um mir Zeit lassen zu können, mich auf den Tag vorzubereiten, auf die Begegnungen, die jeden Tag hier im Haus unser Leben ausmachen. Es darf, es soll nicht anders sein – nein – nichts Neues, nichts Verstörendes, nichts Liebloses. Es muss so sein, als hätte ich bloß mal einen Tag lang Halskehre gehabt und wäre von dieser Halskehre wieder zurückgekommen wie von einem abenteuerlichen Ort, über den es zwar etwas

Spannendes, aber nicht wirklich außerordentlich Spannendes zu erzählen gibt. Weißt Du, ich will so tun, als hätte mich diese Halskehre gesund gemacht, als hätte ich dank der Verrenkungen Entspannung erfahren. Verstehst Du jetzt, dass ich deshalb eher noch viel früher aufstehen müsste, um wieder die zu werden, die ich einmal war, oder eine, die ich noch nie war. Das dauert einfach, mein Lieber, und es braucht sehr viel Zeit.

Heute in der Früh, als ich in halber Dunkelheit im Wohnzimmer saß und meinen Cappuccino trank, sah ich plötzlich den Schatten einer Bewegung auf dem Boden. Einen Moment dachte ich, dass das die Folgen meiner Schlafstörungen seien, die mir plötzlich einen Streich spielten. Aber es war eine Maus. So klein und zierlich und gar nicht eilig spazierte sie über den Teppich, sprang von dort aufs Sofa, kletterte auf die Sofalehne und kam so nah an mich heran, dass ich sie hätte anfassen können. Mit ihren dunklen, kugeligen Augen schaute sie mich an. So blieb ich eine Weile mit ihr in Augenkontakt und fragte mich, ob nicht Du selber Dich, anstelle eines morgendlichen Briefes, vielleicht hierher verirrt haben könntest, um mir Guten Morgen zu sagen. Den ganzen Tag über dachte ich an die Maus und an Dich.

Und an Deinen Satz: Diese Liebe scheint mir der einzige vernünftige Punkt in dieser absurden Welt zu sein. *Ist Lieben denn ein vernünftiger Punkt?* Vielleicht sollte sie das sein, dann würde ich daran weniger leiden und vernünftiger sein, ja – ganz vernünftig diesen Punkt anschauen wie die Augen der Maus am frühen Morgen.

Nicht abgeschickt

Mit dem gleichen Zorn aufgewacht, den ich gestern schon verspürte. Und plötzlich kommt mir Dein Brief in den Sinn, in dem Du seltsame Gründe für Diskretionen aufführtest, die nicht Dich, sondern dein Beziehungsfeld betreffen würden. Aber ich glaube jetzt, Du meintest damit nur Dich! Ich merke, es gibt große Unterschiede zwischen Dir und mir im Umgang mit unserem Partner, mit unserem Umfeld. Was mir hier zu Hause in meiner Familie gar nie gelang, nämlich das Versteckspiel, gelingt Dir immer besser, und zwar mit haarsträubenden Begründungen. Das will ich so nicht hinnehmen!

Ich bin zornig, lieber Lino, weil Du nicht wirklich verstanden hast, dass diese für mich unabdingbare Offenheit uns allen, allen gleichermaßen zusteht, unabhängig von unseren Ängsten. Es stimmt mich plötzlich ganz zögerlich unserer Liebe gegenüber. Ich weiß nicht, was daraus im Verlauf dieser Zeit entstehen wird, ich weiß nicht, wie sich unsere Geschichte unter diesen Umständen entwickeln wird.

Aber ich glaube jetzt, dass unsere nächste Begegnung in U. gefährdet ist, weil ich zum ersten Mal erkenne, dass Du in Wirklichkeit Konflikte zu vermeiden suchst. Du schiebst das alles hin und her wie eine spanische Wand. Du denkst oder glaubst, dass Dir so das Theater, oder sollte ich eher sagen die traurige Wahrheit, erspart bleibt.

So sehe ich uns nicht.

Erst jetzt, und es ist immer noch dunkel draußen, weicht mein Zorn einer unhaltbaren Trauer. Hier im Haus beginnen die Geräusche. Ich gehe in den Tag und schaue, wie wir es alle miteinander schaffen, gut zueinander zu sein!

Nicht abgeschickt

Sie schrieb ihm viele Briefe, ohne sie je abzuschicken. Auf Papier und mit Bleistift. Jederzeit konnte sie alles wieder ausradieren, sie konnte alles zerreißen, sie konnte mit diesen Briefen, wenn sie es wollte, auch langsam wieder, wie nach einem sehr unverhofften, ausgiebigen, wunderbar gefährlichen Spaziergang, ihrer gewohnten Wirklichkeit entgegengehen, froh darüber, dass ihr nicht mehr als ein heftiger Kreislaufkollaps passiert war. Sie ging davon aus, dass alles zwischen ihnen im Dezember zum Stillstand kommen würde. Sie dachte wieder an den Schneemann und dass es immer dieselben Geschichten sind und immer derselbe Schnee auch.

Und sie sagte sich, dass ihr Schmerz auch vom anderen Verlorenen herrührte, aber das war für sie nicht wirklich verloren, sondern nur anders geworden. Ihre Familie blieb ihre Familie. Das wusste sie und es schmerzte doch. Sie konnte morgens wieder länger schlafen, und jedermann konnte ihr am Laptop über die Schulter schauen. Auf jedes Wechselbad verzichten und nur noch im halbwarmen oder halbkalten Wasser baden, das schien ihr plötzlich wieder das Einfachste, das Bequemste, das Sicherste, das Langweiligste, das Lebloseste, das Toteste zu sein.

Schlaflose Nacht!
Das war mein übelstes Tageswerk, weiß nicht, ob ich mich einfach ins Bett legen und Musik hören soll. Es ist alles so unwirklich, so unwirklich. Unglaublich, was da in wenigen Stunden alles passierte, was da zum Vorschein kam. Bin sprachlos, entsetzt, wie ich in den gemeinsamen Tagen nichts unternahm, um die Beziehung zu retten. Ich muss hier aufhören, es tropft auf die Tastatur.
Lino

Sie las aus seinen Zeilen, dass die Beziehung zu seiner Partnerin zerbrochen war. So klirrend und schnell wie eine dünne Eisdecke, auf die ein Stein geworfen wird. Sie wollte nicht glauben, was sie las! Diese Endgültigkeit am

Ende gemeinsam verbrachter Jahre. Sie konnte sich plötzlich nichts anderes mehr vorstellen als eine weite Schneelandschaft, spurenloses Weiß, Blendung, Idealisierung.

Willst Du sprechen, willst Du allein sein?
Julia

Am nächsten Tag schrieb er:

Habe bis ca. vier Uhr geschlafen. Dann merkte ich, dass ich weinen musste.
Lino

Das ist ja wirklich verständlich, dass Du Dir nun den Dezember zugepflastert hast! Meine Briefchen Dir nun fast ein wenig lästig fallen könnten, wenn sie in all Deine vielen Termine, auf Zahnarztstühle und Kosmetikliegen oder auf frisch gebackene Weihnachtskuchen fliegen. Aber das ist auch nicht weiter schlimm bei diesem hier doch warmen Licht im Dezember, Du kannst sie ja auch nach dem Zahnarzt lesen und so. Und die Antworten eilen ja auch nicht, solange ich diese wunderbare Wärme spüre, bist auch Du hier präsent. Das Denken an Dich wird mir zum zweiten Atmen.
Lino

... Ja, es ist ein warmes Licht, das spüre ich auch so!
Julia

... Und es ist ganz dunkel um einen, die Augen müssen sich erst wieder an alles gewöhnen. Und dann merke ich, dass der Himmel draußen in ein eigenartig dunkles Blau gekleidet ist, so ein starkes Gewitterblau der Berge, das hier bisweilen auf sogenannte Türen à la Georgian appliziert wird. Man könnte auch Theaterhimmel sagen, denn mit wenigen Scheinwerfern wäre darunter jedes Shakespeare-Stück möglich zu spielen.

... Und ich dachte, wie sieht denn mein eigener Himmel eigentlich im Moment aus? Wie eine lang andauernde Gewitterfront, die sich allmählich verzieht, und dann bleibt ein großes Staunen zurück, dass die Natur so vielem widerstand. Die Bäume stehen noch, vielleicht liegen ein paar Äste rundum, wie ausgekämmt, die Büsche wiegen sich, als ob sie nie den niederpeitschenden Regen gespürt hätten, und die Vögel schlüpfen aus ihren Baumhöhlungen wie direkt aus dem Ei gepellt und noch sehr zaghaft singend. So, als müssten sie zuerst die Akustik erproben. Denn der stürmische Regen hinterließ auch Stille.
Lino

... besonders in diesen Tagen, die so sehr überlagert sind von anderen Dingen, die eigentlich diese Zeit zur schönen Zeit machen müssen, müssten, sollten. Gestern hatte ich das starke Bedürfnis, in einer landschaftlich weißen, totalen Einsamkeit zu sein, um mit Dir dort zu spazieren, weißt Du, einfach spazieren ohne planmäßigen Hintergrund,

höchstens den, sich zusammen hinzulegen und die Müdigkeit entscheiden zu lassen, was sie zu tun gedenkt. Stell Dir vor, ich überlasse es der Müdigkeit, was wir als Nächstes tun! Daran merke ich, dass ich offensichtlich sehr müde bin. Es sei denn, Du stellst ihr, mir Deinen Plan B vor. Gestern spürte ich einhergehend mit ihr eine Art Leere in mir, und bestimmt hast auch Du das am Telefon gespürt und sogar gehört, dass ich einmal gähnen musste!
Julia

Natürlich habe ich Dein schönes Gähnen am Telefon gehört, und es klang wie das Gähnen einer Eidechse, es klang wie ein zurückgenommenes Seufzen.
Lino

Kommt mir vor, als würde ich in den nächsten Tagen noch weiter weg von Dir reisen, als würde die Distanz noch größer, als würde der Fluss zwischen uns noch breiter, tiefer, ja, und wie unter Schnee das Gurgeln des Wassers, dabei gehe ich doch nur ein paar Tage mit meinem Mann und Freunden in die Berge, es könnte auch Kerala sein oder Montauk, und es wäre genau dasselbe, aber für mich ist es nur noch eine Frage meiner Empfindung! Wieder kommt jetzt so eine aufgeladene Zeit, das alte Jahr endet, das neue beginnt. Auch für uns, leicht verschoben, aber es kommt!
Julia

Frühling 2006

Im Frühjahr kehrte er aus der Großstadt zurück.

Im Januar hatten sie ein zweites Mal ein paar winterkalte Tage zusammen am Meer verbracht. Die Zeit gestaltete sich in derselben Art wie das erste Mal: der gleiche Tagesrhythmus, das gleiche Flirren zwischen ihnen, wenn er sein süßes Frühstück aß und sie sich eher den salzigen Speisen zuwandte, sie dabei über ihre unterschiedlichen Geschmäcker lachten, er Tee, sie Kaffee trank, sie später wieder ins gleiche Café gingen, um dann, erfüllt von Wärme, Begehren, draußen bei Wind und Kälte stundenlang am Strand zu laufen, mal in die eine, mal in die andere Richtung, sich ihre Leben erzählend, die unterschiedlicher nicht hätten sein können, und es doch Verbindendes gab, dem sie sich zuwandten. Im frühen Dunkel des Nachmittags mit großer Sanftheit und einer ungeahnten Leidenschaft einer des anderen Körper erkundete, als ob es das erste Lieben, das letzte mögliche Lieben wäre, neuer Anfang noch nie gelebter Möglichkeiten. Manchmal lachten sie in diesem Glück, und manchmal weinten sie über das Glück, oder sie lachten, weinten über diese neue Erfahrung eines Glücks, das sie sich aus unerfindlichen Gründen bis anhin nicht erlaubt hatten. Später, bei einem Glas Wein in der immer gleichen Bar, ging das Sprechen, das Flirren weiter, ebenso beim Abendessen, und jede Nacht beim immer gleichen Spiel das schöne Schweigen, jede neue Nacht anders gestaltet.

Einige Tage vor seiner Rückkehr schlug sie ihm vor, dass sie ihn gerne am Flughafen abholen würde und dass sie dann eine oder zwei Stunden in der nahe gelegenen Stadt zusammen verbringen könnten, bevor jeder von ihnen wieder in seine eigene zurückkehren würde. Er freute sich über ihren Vorschlag. Dann aber entstand in ihren wieder hin- und herfliegenden Briefen ein weiteres der vielen Missverständnisse, die es so nur in Briefen geben kann und über die sie jeweils hinterher lachten, wenn sich die Erschütterungen wieder gelegt hatten, der Tonfall in den Briefen wieder anders wurde, bevor es den nächsten, mehrdeutigen wieder gab!

Liebster Lino,
von einer Stunde auf die andere sozusagen hat sich heute meine Stimmung in ein eigenartiges Abseits manövriert! Es ist das erste Mal, dass ich realisiere, in was für einen Engpass wir jetzt geraten werden. Die große Stadt war da direkt komfortabel. Ich weiß, Du willst das jetzt bestimmt nicht hören, aber ich muss darüber sprechen können, wie ich mich fühle. Und weiß doch sehr genau, dass ich auf die Geduldsschiene umstellen muss und nicht darüber jammern darf, wie es sein wird, Dich zwar sehen, aber körperlich nicht lieben zu können, bis Deine Wohnsituation geklärt ist. Lino, das setzt mir doch sehr zu! Ich freue mich so sehr auf Dich und ängstige mich gleichzeitig vor der größeren Nähe, die uns doch so wenig Platz lässt.

... traurig über diese uns umwehende Bedrohung, von außen ertappt, verachtet zu werden!
Du
Julia

Liebste Julia,
Du hast ja schon recht, das ist keine komfortable Lage, in die ich Dich da bringe. Ich fürchte, es wird unserer Beziehung vieles abverlangen. Natürlich versuche ich mir

einzureden, dass es noch schlimmer hätte kommen können, wenn meine Trennung nicht gewesen wäre.
Bin mir nicht sicher, ob wir in der Öffentlichkeit nur wie »Bekannte« oder »Freunde« auftreten sollten. Das klingt wahnsinnig spießig. Bis uns jegliches Gerede egal sein kann oder einfach egal ist. Aber vielleicht braucht es dafür Jahre.
Aber ich glaube, wir dürfen uns von all dem nicht kaputt machen lassen. Vielleicht müssen wir viel Berufliches vorschieben, um uns abzulenken. Ich weiß es doch auch nicht, ich habe so etwas noch nie durchlebt.
Ich liebe Dich sehr
Lino

Lieber Lino,
ich glaube, es ist besser und stimmiger, wenn ich nicht an den Flughafen komme. Deine Sprache im letzten Brief ist mir fremd, ich bringe überhaupt nichts mehr zusammen. Und so würde ich dort bei Deiner Ankunft auf einen mir ganz fremden Menschen stoßen ...
Kennen wir uns überhaupt?, würde sie ihn fragen, dann seinen Koffer küssen, und drittens liefen mit den dicken Ankunftstränen auch die dunklen Wimpernfarben über ihr Gesicht wie Tintenflecken.
Nach dem Dezemberdiktat, oder sagen wir besser der Weihnachtsgans, nun auch die Frühlingsrolle: Eigentlich weiß ich heute Abend nicht mehr wirklich, geht es jetzt um Dich oder geht es um mich, wer soll geschützt werden? Jedenfalls geht es nicht mehr um uns, das ist meine große Schwierigkeit. Aber wenn Du willst, können wir an unserer Stelle auch die »Umwelt« entscheiden lassen. Ich bin einfach untröstlich heute Abend. So ist das, Liebster!
Julia

Sie meinte, ein zögerndes Verhalten seinerseits in diesem Brief gespürt zu haben, ein halbes Ja, das einem halben Nein glich, sodass sich eine Eindeutigkeit bei beiden Wörtern verlor, als hätte sie zwei vernebelte Aussichten vor sich gehabt, die sich erst durch den von ihnen beiden gefühlten Zorn, der in den Briefen wie Funken aufleuchtete, lichteten, in weiche Nebel übergingen, in zartere Worte, in liebende Äußerungen.

Liebe Julia,
ich hätte ja auch auf dieses eigenartige Abseitsmanövrieren einfach nichts zu schreiben brauchen. Aber ich bin nicht einmal mehr so überzeugt, ob diese Nichtreaktion nicht genauso wieder eine »Scheiße«-Reaktion bewirkt hätte. Ich fühle mich davon überfordert, liebe Julia, sehr überfordert. Das ergibt für mich Wechselbäder, die gar keinen Sinn mehr machen. Da redete ich einmal vom Alleinankommen, weil ich nie gewagt hätte, Dich um ein Abholen zu bitten; dann schlugst Du ein Abholen von Dir aus vor, und ich war hell begeistert; dann hast Du dieses Abholen sehr freundlich, charmant, aber dezidiert quasi wieder zurückgenommen; und jetzt ist es plötzlich wieder im Raum, weil ... ja, warum eigentlich ... weil Du es schon so in Deiner Familie kommuniziert hast. Weißt Du, ich bin ein richtiger Dummkopf, aber ich möchte mit einem Mal wirklich nicht mehr abgeholt werden, auch wenn das für Dich nun ein sinnloses Herumlaufen in der Stadt bedeutet und für mich ein sinnloses Ankommen auf dem bekannten Flughafengelände. Und weil beides so sinnlos erscheint, deswegen liebe ich diese Vorstellung mit einem Mal. Es hat beides keine Bedeutung und doch tun wir so, als ob es eine Bedeutung hätte. Irgendwie gefällt mir diese Vorstellung von zwei Liebenden sehr, die etwas ganz und gar Sinnloses in ihrer Liebe tun.
Lino

Liebster Lino,
ich denke, wir sind gerade ein bisschen arg unter eine Hochspannungsleitung geraten. Darf doch sein oder etwa nicht, dass wir unter Strom stehen?
Ich habe jetzt begriffen, dass Du nicht abgeholt werden willst. Ich kann Dich verstehen, liebe diese Sinnlosigkeit aber trotzdem nicht, ich akzeptiere sie jetzt einfach als das, was sie ist: eine Ganzundgarsinnlosigkeit, die allem widerspricht, was wir in unserer Beziehung bis anhin zusammen geleistet haben!
Vielleicht hören wir uns heute einmal!
Das seltsamste Paar weit und breit ist gerade ziemlich heftig am Straucheln … wie ein Flugzeug in Kälteschichten.
Ich liebe Dich, Lino, das ist, was mir jetzt noch zu sagen bleibt: hey, kompliziert gerne haben …
Julia

Liebste Julia,
ich bin berührt von allem, könnte laut losschreien über all das von mir und Dir Geschriebene. Du hast recht, das sieht gar nicht nach einem starken Paar aus. Aber ich möchte doch das gerade so sehr. Hör nicht mehr auf mich, mach, was Deine Gefühle sagen. Weißt Du, auf dem Rückweg vom Konzert habe ich so im kühlen Regen gedacht: Wenn ich alleine auf dem Flughafen bin, dann fahre ich in die Stadt und gehe dort in die Bar im ersten Stock und trinke einfach so ein Glas Weißwein. Und vielleicht würdest Du mit dem gleichen Gedanken auch dort auftauchen und es wäre alles wieder so gut. Das habe ich plötzlich gedacht. Und es hat mich so warm berührt.
Du!
Lino

Ich bin aber zuerst am Flughafen und dann in der Bar.
Julia

Allerliebste liebste Julia,
das letzte Mal hier in dieser Stadt öffne und schließe ich meinen Computer, um einen liebenswerten, berührenden Brief von Dir vorzufinden, und freue mich, wie ich mich immer am Morgen seit dem Sommer gefreut habe: da ist ein neuer Brief. Und die Briefe waren so schön und so lustig und so ernst wie auch manchmal traurig. Ich habe laut herausgelacht an diesem Schreibtisch, manchmal richtig geweint und selten ganz verzweifelt aus dem Fenster geblickt. Das sind Briefe, die mir mehr als ans Herz gewachsen sind. Briefe einer Geliebten, die ich nicht mehr verlieren möchte.
Lino

Sie holte ihn am Flughafen ab! Zwei Stunden später, auf der Heimfahrt an ihren Wohnort, fuhr sie in Gedanken diese andere, seine Heimfahrt-Strecke mit. Sie kannte mittlerweile auch von seiner Strecke, die sie einmal an einem frühen Morgen, als kein Brief gekommen war, auf einer Karte ausfindig gemacht hatte, jede Haltestelle. Kein Reisender, weder in ihrem noch in seinem Waggon, konnte erahnen, dass da ein Mensch mitreiste, der zwar im richtigen Zug saß und doch in die falsche Richtung fuhr. So stellte sie sich das, über die Karte gebeugt, vor, und so fühlen Liebende wohl immer, die weit weg voneinander in ein Leben zurückkehren, das ihr eigenes, gewohntes und auch richtiges Leben ist.

So war es ausgemacht zwischen ihnen: den ganzen ihnen zur Verfügung stehenden Raum so zu gestalten, dass keiner der Beteiligten sich mit einer bloßen Übrigkeit zu arrangieren hatte. Ein Hiersein als Hiersein zu gestalten, ein Dortsein als Dortsein, denn alles andere hätte für sie bedeutet, nie wirklich hier oder dort zu sein.

Ihren anfänglich gefühlten und unerträglich scheinenden Gratwanderungen folgten mit der Zeit auch andere Zeichen: Wagnis, Versuch, weitere Möglichkeiten, unbekannte Tiefen zu besichtigen und dass dabei nichts anderes, nichts Neues mehr geschehen konnte, als dort auf dem Grund das Alte immer wieder in anderen, neuen Versionen, mit jedem neuen Menschen das Alte in einer neuen Version zu erleben, das Traumreich der Liebe genauso sehr wie den Albtraum aller Schmerzen. Sie erinnert sich an Höhenflüge ihres vergangenen Lebens und wie sie dabei für kurze Zeit keinen Boden berührt hatte. Sie erinnert sich auch an das andere, dass sie jeden Flug vermied, an die Angst erinnert sie sich, an die Trägheit, etwas mit der Höhenluft zu teilen und dabei ganz unbesonnen schweben, sich den gegebenen Strömungen überlassen zu können! Erinnerungen, die auch jetzt wieder gegeneinander und gegen diese Neuigkeit kämpften, was ihr zum ersten Mal ganz sinnlos schien, vertane Zeit, unerhörte Einmischungen.

Etwas Grundlegendes war anders.

Als ob das Gras noch nie Schnee gesehen hätte. Als ob der Schnee noch keinen Boden berührt hätte. Als ob es zwischen Boden und Luft, zwischen Gras und Schnee ein unbegangenes Niemandsland, einen Streifen unberührte Wirklichkeit gegeben hätte. Schön und zum Verzweifeln und sie immer dachte, dass das Zweifeln am schönsten das schönste Verzweifeln war.

Sie sagte Worte zu ihm, die in ihrem Inneren zwar da gewesen, aber vergessen, ungebraucht waren wie Schmuckstücke in einer verschlossenen Schatulle. Seltene Worte, wie Schmuck für ganz besondere Anlässe, der ihr im Alltag nicht gut gestanden hätte und von ihr selber und ihrem Gegenüber belächelt worden wäre.

Sie war in den vergangenen Jahren nicht immer fähig gewesen, aus ihrem Alltag, aus allem eine Besonderheit hervorzuzaubern, Worte, die aus der Gewohnheit eine seltene Theateraufführung gemacht hätten. Das spürte sie erst jetzt wieder. In der neuen Heftigkeit spürte sie auch diesen Schmerz aller Vernachlässigungen, den selbstverschuldeten, den ihr zugefügten.

Sie erinnerte sich, dass sie einmal, als sie zufällig etwas über Zikaden las, lachen musste, weil ihr ganz unvermittelt der Vergleich mit der Ehe kam: schöne, verflucht durchtriebene Tierchen, die sich durch Anstechen und Aussaugen ernähren, speziell an den Leitungsbahnen der Pflanzen. Einige Zikadenarten sind sogar Meister im Hochsprung und haben häufig eine sehr enge Bindung an bestimmte Lebensräume sowie vielfältige Ansprüche an die Standortverhältnisse in ihrem Lebensraum.

Vermutlich müsste jetzt auch sie einen Fragebogen über die Ehe ausfüllen, aber das hatten schon wichtigere Persönlichkeiten vor ihr getan.

Manchmal schien ihr ihre Ehe (und eigentlich alle Ehen) wie ein Film, in dem gelacht, diskutiert, gestritten und geweint wurde. Verrückt nur, dachte sie, dass im Film auf der Leinwand diesbezüglich alles erlaubt, geduldet und ja gerade der Echtheit wegen immer als vollkommene Darstellung gerühmt wurde, die einem sofort das Wasser in die Augen trieb, im richtigen Film aber davon nicht die Rede sein durfte und konnte. Diese Echtheit verträgt es in all den falsch verstandenen Ehen nicht. Kaum vertraute sie jemandem einen Ehestreit an, wurde die Ehe schon als geschieden betrachtet. Aber genauso wenig vertrug es das Gegenteil. Höhenflüge wurden als bloß simulierte verstanden. Was die Ehe anbelangt, verträgt es nach außen hin eigentlich gar nichts. Die Ehe ist kein Thema, sie ist nur der Blasebalg grandioser Lügen, dachte sie.

Unmöglich die Vorstellung noch immer, ob und wie sich ihr gemeinsames Leben anders hätte gestalten oder filmen lassen als so, wie es gewesen war. Vielleicht als Nouvelle Vague: neue Lichtverhältnisse, leichtere Kameras, neuer Erzählstil, ahnungslose Schauspieler. Sie konnte ihr Leben nicht anders filmen und erzählen, als es war. Ihr fehlte die leichte Kamera, ihr fehlte das Vermögen eines anderen Erzählstils vollkommen, und die Lichtverhältnisse, ja, die kamen und gingen wie Tag und Nacht.

So hingeworfene Sätze wie: Jetzt, wo *das* nicht mehr geht, geht halt etwas anderes, waren doch immer möglich, meistens als spielerisches Geplänkel, und blieben aber darüber hinaus doch bloße Andeutungen oder geschickte Regelungen, die Dinge nicht beim Namen zu nennen. *Das!* Sie wollte nicht erfahren, wie sich die Turnübungen bei den ihr bekannten Paaren einst gestaltet hatten, sondern vielmehr Näheres darüber, wie denn mit dem Verlust dieser Bewegungen umgegangen wurde und was das andere war, das lapidar mit »etwas anderes« benannt wurde.

Warum war es nicht möglich, mit Freunden an einem gemütlichen Abend sich auch diese Dias mit den kleinen Schatten einmal anzuschauen, ohne sogleich das Gefühl zu entwickeln, man befinde sich in einem Horror-Picture-Streifen? Stattdessen klickte man viel lieber durch die langweiligen Ferientage am Meer auf Mallorca, um das Meer mit der immer gleichen Farbe oder das braune Fleisch der

Sonnenanbeter zu sehen, um, womöglich als Höhepunkt des Abends, den Entschluss zu fassen, sich doch einmal gemeinsam diesen bräunenden Möglichkeiten zu widmen, die ja nur die oberste Schicht der Haut betraf.

Ahnungslos waren sie nicht. Sie sprach und spricht lieber von einer lebhaften Ehe, die keinen Hang zur Über- oder Untertreibung kannte, kein Gut- oder Schlechtsein als Dauerzustand.

Doch, doch, es gab und gibt dieses Zusammensein, dieses Zusammensitzen, dieses gute Zusammenstehen, Zusammenliegen und Wiedererwachen für den neuen Auftritt der Gewohnheit, die durchaus auch mit einer betörenden Sprache, mit Ironie, mit Witz den Tag aufs Korn nahm, doch, doch, und vieles mehr, das dem Vergessen nichts zuspielte.

Sie könnte die Schuld verteilen, wie man einen Apfel verteilt: ein Stück dem Ehemann, ein Stück dem Geliebten und den Rest, das größte Stück, sich selber in den Mund schieben, so wie es sich gehört für jemanden, der gegen diese Schuld Antikörper bilden muss.

> Ein Tag im September – und schöner könnten die Berge nicht sein.
>
> Ein Tag im Winter – und schöner hätte diese Sicht auf den Schnee nicht sein können.
>
> Und trotzdem: Du kamst hinzu wie ein zweiter Regenbogen.

Tagelang, so schrieb er ihr, habe er seinen großen Koffer in der Wohnung, die er mit seiner Partnerin geteilt hatte und die bei seiner Rückkehr, bis auf die nackte Bettstatt, leer geräumt gewesen war, nicht ausgepackt. Er trinke aus dem Zahnputzglas und schlafe auf seiner Yogamatte, harter Boden unter und starre Decke über sich.

Innerhalb von kurzer Zeit tauschte er die Wohnung gegen eine kleinere. Später einmal meinte er, dass er trotz des Verlusts der langjährigen Partnerschaft und trotz des fehlenden Willens zu einer tieferen Auseinandersetzung das Gefühl gehabt habe, in etwas Größeres umgezogen zu sein. Und dass die ausgeräumte Wohnung mit dem nackten Bettgestell auch ein Bild für ihre Beziehung gewesen sei: Rahmen ohne Inhalt.

Auch für ihn wurde die Stadt ein neuer Ort, neue Orientierung, neue Ausrichtung. Wie viel Öffentlichkeit es duldete, wie viel Versteckspiel es brauchte, das wussten sie noch nicht. Sie fühlte sich dabei zeitweise an Kindertage erinnert, genau an diesen einen Moment beim Versteckenspielen, wenn der Sucher in unmittelbare Nähe tretend einem das Herz höher und schneller schlagen lässt. Das leise Kichern dabei, das Ducken, um noch nicht ertappt zu werden.

Das Gefühl, für den anderen noch unsichtbar zu sein mit einem doch schon bereiten Schrei im Hals für die Entdeckung.

Wie viel Öffentlichkeit duldete ein solches Versteck?

Versteckt im dunklen Kino, wo er in ihrer Hand kam. Versteckt in einem schönen Hotel, das sie als Stundenhotel nutzten, wo er in ihrem Mund kam. Mehr Verstecke gab es nicht, außer die Nacht. Aber die war zu kalt um diese Jahreszeit.

Sie machten sich auf die Suche nach ihnen beiden unbekannten Orten.

Es sollte einfach irgendwo am Wasser sein, schrieb er, und sie schrieb:

Ja, unbedingt am Wasser!

Sie spazierten an Seen, Flüssen, Bächen entlang, deren Wasser, deren Fließen, deren Gurgeln entweder ganz lautlos oder ganz heftig war. Wie sie! Die still im Fluss waren oder sich ab und zu leidenschaftlich, heftig, innig umarmend festhielten, sich die lange vergessenen Worte ins Ohr flüsterten, in die Augen des anderen eintauchten wie in warme Strömungen, mitgezogen wurden, um dann wieder in ruhigeres Fließen zu geraten.

Oder in den nächsten Strudel!

Missverständnisse immer wieder, wie sie nur in Briefen entstehen können, und ständig fehlten ihnen die Unmittelbarkeiten möglicher Klärungen.

Ich erwische mich ja auch beim Gedanken, wie schön ein Zusammenleben sein könnte. Aber dann überkommen mich wieder Zweifel, ob das geschickt wäre, so schnell in einen gemeinsamen Haushalt zu gehen, wo wir noch nicht einmal wissen, ob wir lieb oder böse miteinander haushalten.
Aber der Gedanke an ein gemeinsames Zusammenleben und Arbeiten hat schon etwas sehr Verführerisches! Ich liebe Dich nämlich sehr, Du
Lino

... Ich sehe doch, dass Du sofort in Erklärungswindungen kommst, sobald ich auch nur andeute, es *wäre* jetzt schön, mit Dir zu leben. Hast Du den Konjunktiv überlesen, lieber Lino? Du kannst mir das glauben: Es sind nur Vorstellungen, so wie man sich vorstellt, nie alt oder krank zu werden ... Ich hab absolut nicht die geringste Lust, einen Haushalt mit Dir zu teilen.
Vielleicht einfach nur ein großes Bett, einen Schreibtisch,

mehr nicht! Aber vielleicht ist auch diese Vorstellung schon zu groß oder zu beängstigend!
Ich werde mir wieder mehr Mühe geben, diesem Thema auszuweichen, das eigentlich gar kein Thema, sondern nur Tagtraum ist und bleibt, den man dummerweise vor sich hin träumend wieder thematisiert.
Ach, vielleicht wird es schon gehen, schreibst Du mir in der SMS, sodass ich mich frage, wie Du jetzt zu diesem fast schnöden Ach-Seufzer kommst nach diesen innigen Tagen, und der wieder so viel Widerstand und Ablehnung ausstrahlt, dass mir schwindlig wird!
Du, ich hab jetzt eine totale Scheißlaune ...
Julia

Liebste Julia,
wie mache ich doch immer wieder alles falsch, wenn ich laut über meine Ängste nachdenke, keine zukünftigen Beziehungsfallen zu konstruieren, wo ich mich allmählich aus alten befreie, befreit habe. Zwischen Freiheit und Nähe eine ideale Liebeslebensgemeinschaft finden! Aber Du tust mir Unrecht, wenn Du mir deswegen immer gleich meinen ganzen Gefühlshaushalt umdrehst und dahinter nur noch unsichere, laue Lieblosigkeit, Gefühllosigkeit, Lustlosigkeit oder gar Überdruss vermutest. Das ist keine Lieblosigkeit! Weißt Du, so traue ich mich ja wirklich nicht mehr, laut vor Dir zu denken oder zu schreiben. Dann habe ich es eben nicht geschrieben und kenne keine Ängste. Aber bin ich dann noch der Mensch, auf den Du vertrauen kannst, dass er sein Inneres wirklich ausdrückt? Vielleicht möchtest Du mich eben doch anders haben, als Du es selber fühlst? Mutiger, selbstbewusster, mehr riskierend, innovativer, optimistischer, wilder, zupackender, erfolgreicher, was auch immer. Aber weißt Du, ich versuche Dir seit langem immer

wieder durch die Blume zu sagen, Du kannst mich so sehen, wie Du mich sehen willst, das schmeichelt mir ja, aber pass auf, ich bin eigentlich nicht so: Ich bin von meinem innersten Wesen her ängstlich, vorsichtig, resignativer, gebrannt. Und ich weiß, dass ich nur aus diesem Wesen heraus überhaupt so mit allem sein kann, wie ich bin. Ob ich äußerlich schön oder attraktiv oder charmant bin, gar erfolgreich wirke, das kannst Du letztlich alles irgendwann wieder an den Nagel hängen, denn es ist und bleibt nur die blendende Fassade. Frag nicht, wieso das so ist. Es war immer schon so, leider, oder auch nicht, wie man's nimmt. Aber das ist nicht Lieblosigkeit. Ich bin manchmal einfach ein ganz blöder Laut-Tagträumer. Aber aus Blödheit, nicht aus Lieblosigkeit.
Lino

Das dünne Eis der Wirklichkeit

Ihr unterschiedlicher Umgang mit dem Alltag. Sie war eine jeder Wirklichkeit zuwiderlaufende Träumerin geworden, und er konnte ihr seelenruhig schreiben, dass er einer phantasierten Zukunft nicht traue, sie fragte sich und ihn, warum sie sich denn überhaupt noch Briefe schrieben, warum sie noch Gewässer aufsuchten, unbekannte Städte! All diese vielen Worte für alles! Und überhaupt!

Ein Gleichgewicht war herzustellen. Die Bereitschaft, das zeitlich begrenzte Zusammensein gut zu leben, in das sich auch immer wieder ihre Vergangenheit einmischte, einmischen würde, und kleinere oder größere Abschiede, damit verbundene Verletzungen in Kauf zu nehmen. Kompromisse. Abwägungen.

Und einmal dachte sie: Fremdgehen ist doch die allerschönste Scheiße!

Sie dachte allerdings auch vom Ehegelübde nicht viel Besseres oder Schlechteres. An ein weißes Kleid dachte sie, das nach sämtlichen Waschgängen der Ehe zwar noch immer Kleid, aber ein zunehmend vergilbtes war (wie weiße Unterhosen nach mehrmaligem Waschen, die man dann wegwirft, was man ja mit den Gelübden, die man nicht auf sich, sondern in sich trägt, nicht tun kann) und immer enger wurde. Ein Korsett, unter dem – wie sie es oft an keifenden Ehepaaren beobachtete, die es keine einzige Essenslänge fertigbrachten, ihren giftigen Tonfall in der Suppe zu versenken, nein also so was, dachte sie, als ob ihr das alles sehr fremd wäre – es die unerotischsten Wülste gab oder zumindest eine stark beengte, eingeschränkte Wolllust. Sie dachte auch: Und wer etwas anderes behauptet, der ist vollkommen eins mit der Lüge!

Sie jedenfalls sah in ihrem Leben wesentlich mehr Menschen am Zwang, am Unglück der Ehe zerbrechen als auf einem Fußgängerstreifen umkommen. Und vielleicht wäre der Tod auf dem Fußgängerstreifen sogar die einfachste und schmerzloseste Erlösung aus längst erloschener Leidenschaft. Wer weiß das schon so genau.

Vor sehr langer Zeit hatte sie einmal für Monate als Zimmerfrau in einem Firstclass-Hotel mitten in einer Stadt gearbeitet. Sie benötigte damals als angehende Buchhändlerin ein zusätzliches Einkommen. Sie arbeitete dort als vordergründige Reinemacherin, deren Hintergründe zunehmend die Beobachtungen waren. Mit einem mitgebrachten Spachtel füllte sie ihre kleinen, mitgebrachten Döschen mit den kostbarsten Gesichtscremes der Damen, besprühte sich und das Zimmer mit den teuren Parfums der fremdgehenden Frauen, manchmal auch mit dem herben Duft eines ebenso fremdgehenden Mannes, um sich selber eine Freude zu machen und um die ihr wild scheinenden sexuellen Gerüche, die sich wie unsichtbare Nebel in dem Zimmer verteilten, zu neutralisieren. Sie kannte den Geruch. Ob sie Spermien im Mund eigentlich delikat oder zum Kotzen finden sollte, war eine Frage, die sie sich bisweilen allzu spät stellte. Aber was dieser Unentschiedenheit vorausging, das fand sie wunderbar, und nie hätte sie ihretwegen darauf verzichten wollen, einen Schwanz in den Mund zu nehmen. Sie riss die spermienbefleckten Leintücher von den Matratzen, überzog die Betten mit sauberen Tüchern, wusch die sauer riechenden Spuren von den Teppichböden und wusste, dass nach einer weiteren Nacht genau die gleichen Flecken, genau die gleichen Düfte im Zimmer sein würden, die ihr schon beim Öffnen der Türe wieder entgegenschlugen wie abgestandene Silodüfte, wie blühendes Efeu oder blühender Asparagus. Sie hatte eigentlich gar nichts gegen diese Ausdünstungen, ertappte sich manchmal sogar bei sehnsüchtigen Gefühlen, bei Neugier auch. Aber sie war ja nicht angestellt, um Gefühle oder Gier irgendwelcher Art zu entwickeln. Sie stellte sich für diese Beobachtungen selber an, komplett unabhängig von den Vorgaben der Hotelleitung, um der schönsten Verlogenheit dieser Welt, wie sie mit der Zeit erkannte, auf die Schliche zu kommen. Sah sie die gleichen Menschen später zufälligerweise mit ihren auf Gedeih und Verderb »gesetzesverbundenen« Menschen auf der Straße wieder, dachte sie: Die lügen aber verdammt gut. Und dass es bei diesen Begegnungen auf der Straße jeweils sie selber war, die dann wegschauen musste, als ob sie selber die Spermienträgerin, die Fremdgeherin gewesen wäre, das fand sie ganz unerhört und manchmal auch zum Lachen. Bei Ehepaaren – und die konnten drei oder vier Nächte, gar eine Woche im gleichen Hotelzimmer verbringen – fielen ihr solche Gerüche überhaupt nie auf.

Leider hatten die dann aber auch ganz selten teure Parfums im Zimmer, und wenn sie ihre Pyjamas zusammenlegte, dachte sie manchmal auch an Brockenhäuser oder Caritasläden.

Anfänglich überlegte sie, darüber einmal eine Arbeit zu schreiben, entschied sich aber dann doch, es selber einfach mal besser zu machen. Nicht das eine, nicht das andere! Ja! So!

Manchmal denke ich, dass ich vor lauter Du-Zuschreibung das ganz gewöhnliche Leben vergesse. Jede Tasse ist mir egal und jeder Teller auch. Sogar meine angefangenen Geschichten, von denen Du ja Dank sei Gott nichts weißt, weil, wie unlängst jemand sagte, dem ich sie zu lesen gab, an ihnen (im Gegensatz zur unseren) so gar nichts Neues, nichts Verrücktes, nichts nicht schon mal so Gelesenes zu entdecken sei, haben Wind bekommen, dass ihr nun auch mit ihnen alles ein bisschen egal ist. Kann sie denn nicht vernünftiger werden?
Ich mach Dir einen Vorschlag: Wir gehen zusammen mitten im Winter für einen Monat oder so in die abgelegenste Berghütte, um alles auszutoben. Dann gehen wir zurück ins gewöhnliche Leben und sagen: Das war aber noch nicht genug. Nie genug! Und, wohin gehen wir dann? Wohl in die hinterletzten Winkel unserer Sicht. Die Liebe wird dort sein und alle Teller, jede Tasse wird wieder da sein, das ganz gewöhnliche Leben auch, die schlechten Geschichten, und wie unsere darin bestehen kann, das wissen wir noch nicht. Das gewöhnliche Leben müsste uns immer wieder in die Wildnis schicken ...

Nicht abgeschickt

Nebengeräusche

Die Leute schauten sie jetzt manchmal an, als ob sie Krebs hätte! Es waren nicht einfach die Leute, sondern ihr vollkommen vertraute Menschen, die plötzlich Züge ganz gewöhnlicher Leute annahmen und etwas ganz Bösartiges bei ihr sahen, von dem sie glaubten, es durchs Gesicht, durch die Augen hindurch zu entdecken und es ihr womöglich ausreißen zu können, damit sie ihnen wieder so erschien, wie sie ihnen immer erschienen war: gesund und normal! Sie war aber kerngesund, sie hatte keinen Krebs, sondern nur einen Stier; wenn sie es denn von den Sternen ableitete, hatte sie es mit einem Stier zu tun.

Nein – mit mir stimmt alles, wirklich.

Das musste sie jetzt immer öfter sagen, wenn sie sie, neugierig und verachtend zugleich, auf die ihnen unerhört vorkommende Fremdbeziehung ansprachen. Zwischen zwei gewöhnlichen Sätzen konnte das sein, dass jemand ganz unvermittelt sagte: Und jetzt?, und sie zuerst nicht wusste, wovon die Rede war, bis sie es einordnen konnte, dass sie mit ihr nur noch *darüber* sprechen wollten, wenn auch nur als Einschub mitten in einem Satz. Oder es konnte ihr im Zug passieren, dass ihr eine flüchtige Bekannte, die offensichtlich Wind bekommen hatte, zuraunte: Möchtest du jetzt nicht lieber gleich ins Ausland verreisen?, und sie dachte: Da war ich gerade, stell dir das mal vor, ich war gerade da und lag mit einem anderen Mann im Bett, und es war so schön in diesem fremden Land, dass ich bald wieder gehen muss, aber ihre Zunge schob sich leicht über die Lippen, als hätte sie Salz gerochen, und sie wünschte sich, die große Zunge eines Pferdes zu haben.

Zum ersten Mal in ihrem Leben lernte sie die Menschen näher kennen, die sie jetzt nicht mehr erkennen konnte, so fremd wirkten sie plötzlich, und die sich von ihr abwandten, weil sie glücklich und zufrieden aussah, oder sich entfernten, weil sie Angst hatten, es könnte statt Krebs auch etwas sehr Ansteckendes sein, und sie konnte bei ihnen das fiebrige Glitzern in den Augen sehen. Und zum ersten Mal in ihrem Leben machte sie keine Kompromisse, wich von ihrer inneren Überzeugung, sich nur ihren eigenen Gefühlen stellen zu wollen, nicht ab.

Sie tat etwas in der Öffentlichkeit, was der große Teil nur im Verborgenen tat oder in besoffenem Zustand, in abgelegenen Hotelzimmern, an vermeintlichen Kongressen oder ganz einfach nachts hinter einem Gebüsch, das am Tag danach wieder nur ein unberührter Wildrosenstrauch war.

Sie wollte keine Rechenschaft ablegen. Das hätte bedeutet, ein übles Spiel zu spielen. Von ihrem Manne zu sagen, ja – er ist halt ein Arschloch. Das Unerhörte dieser Erwartung ließ sie oft verstummen. Sie konnte es nicht fassen, dass nur dieses Wort es ihr erlaubte, einen anderen Menschen auch zu lieben. Dass ein Leben ausreicht, mehr als nur einen Menschen zu lieben, darüber wollte sie nicht Erbsen zählen.

Endlich klappt es wieder mal mit uns, sagten sie und ihre Freundin fast gleichzeitig, als sie sich nach langer Zeit wiedersahen. Sie saßen an einem Tisch im Restaurant, aßen etwas Kleines, das ihr wie der Auftakt zu etwas Größerem schien.

Und, wie geht es dir?, fragte die Freundin sie.

Sie hatte ihr davon erzählt und spürte nun, dass dieses neue Erzählen für diese alte Freundin so etwas wie ein immer dicker werdender Herbstnebel gewesen sein musste, durch den sie sich gegenseitig nicht mehr richtig sehen konnten, und sie dachte, dass dieser Nebel die Freundin so erfasst haben musste, dass sie sich auch selber darin nicht mehr sehen konnte. Und in diesem Nebel tasteten sie sich nun vorsichtig aufeinander zu, froh um jeden Sichtschleier.

Ganz selbstverständlich hatten sie jahre-, jahrzehntelang zusammen das ganze Schienennetz menschlicher Orte, menschlicher Unzulänglichkeiten abgefahren, auch ihre eigenen Weiler, und alles führte immer an denselben Ort: nach Stauingen, manchmal nach Staunigen, was verdammt ähnlich tönt und das sie sich immer sehr bemühten deutlich auszusprechen. Dort besichtigten sie auch ihre Ehen, die Freuden und die Krämpfe mit diesen Ehen, die ihnen keineswegs besonders schlecht oder spektakulär, etwa anders vorkamen als alle anderen Ehen auch, die sie um sich herum sahen, wahrnahmen, also von Ausnahmen in guter oder schlechter Richtung konnte überhaupt keine Rede sein, aber von sehr großem Trost, und sie fanden, dass eigentlich alle in diesen Ehen so lebten, so aussahen, als säßen sie freiwillig eine lebenslängliche Strafe ab, erstaunt darüber, wie ihnen geschah. Sie saßen, ohne etwas verbrochen zu haben, auf ihren Ehestühlen und warteten auf eine Möglichkeit, ihr Gefangensein in die Luft zu sprengen. Darüber lachten sie sich schief. Sie sprachen dort oft auch über die Guillotine der Selbstwahrnehmung in den Ehen, dazu trank man ein Rotkäppchen, hie und da auch eine ganze Flasche Wein und fuhr wieder zurück ins Tal der guten Hoffnungen, und sie sagten sich dann: So ist halt das Leben.

Es geht mir sehr gut, sagte sie auf die Frage ihrer Freundin. Als ob es einem Menschen mit Pestbeulen nicht auch gut gehen konnte, setzte ihre Freundin ein ungläubiges

Gesicht auf, runzelte die Stirn, deren eine Falte bis tief zur Nase runter verlief, kreiste um diese Beulen, und einen kurzen Augenblick hatte sie wieder das Gefühl, dass ihre Freundin die größte Angst vor einer Ansteckung hatte, mal näher zu ihr hinrückend, um gleich wieder von dem abzurücken, was sie nicht fassen konnte.

Es geht mir sehr gut!

Die Jahre ihrer beider großen Übereinstimmung in sämtlichen Belangen schienen in diesem Augenblick zu schmelzen wie Schnee an der Sonne. Misstrauen breitete sich zwischen ihnen aus, ein schmerzliches Gefühl von unüberwindbarer Distanz, das sie so nicht kannten.

Sie hatte keinen Trost, weder für ihre Freundin noch für den Schnee und schon gar nicht für die Sonne.

Als sie nach Hause gingen, war es dunkel und sie konnte nicht wirklich ausmachen, was genau beim Abschied auf dem Gesicht der Freundin lag. Die Dunkelheit ist manchmal die beste aller Freundinnen, dachte sie, die schweigsamste auf jeden Fall. Das wusste sie, seit sie Kind war, und hatte es nie vergessen.

So ist halt das Leben!

In der Dunkelheit des Gartens rauchte sie noch hastig ein paar Zigaretten.

Sie hatte auch schon gehört: Also ausgerechnet von dir hab ich das, so was, nicht erwartet.

Sie hörte weiter: Wär ich dein Mann, ich würd dich sofort zum Teufel jagen.

Sie hörte es so: Möchtest du nicht einen Psychiater anrufen oder vielleicht den Pfarrer?

Sie hörte es so gut: Buddhismus ist auch hilfreich.

Komisch: Schade kannst du schwimmen, wir haben doch hier einen tiefen See.

Sie hörte, hörte es, hörte es so laut und deutlich, dass es fast komisch war.

Die Erde!

Ihr Lieben,
ich könnte euch jetzt alle um Hilfe anrufen in einer Sache, die momentan eigentlich keine Hilfe benötigt, sondern nur den kleinsten Humor meiner eigenen Hilflosigkeit gegenüber. Die beiden, also Humor und Hilflosigkeit, vertragen sich nämlich sehr gut. Nach Karl Valentin beginnt dort das große Lachen.
Ich rufe euch aber nicht um Hilfe an.
Also beginnt nun das große Schweigen. Sobald es einem gut geht, beginnt das Schweigen. Noch immer verträgt sich das sogenannte Gutgehen nicht mit unserer bibelschweren Welt. Trotz vieler Glasreiniger.
Seit Tagen bin ich, wie man so schön sagt, weg vom Fenster. Ich bin auch von eurem Fenster weg, das zwar letztlich nur noch die kleine Aussicht gewährte, wenigstens den Telefonhörer in die Hand zu nehmen, und dann auch den nicht mehr. Wir wohnen halt verstreut. Und obwohl es mehrere Städte gibt, die für jeden von uns nicht mehr als eine gute Stunde Bahnfahrt bedeuten, sehen wir uns nicht oder so wenig wie möglich. Es ist unnötig. Jetzt ist auch noch der Telefonhörer weg vom Fenster. Weit weg ist dieser Hörer, und ich stecke mitten in der neuen Situation, die man die schönste Sache der Welt nennt und die ich aber doch in meiner Welt die komplizierteste Sache der Welt nennen

muss. Im sogenannten Normalfall benötigt diese schönste Sache der Welt keine Hilfe, und eigentlich dachte auch ich in der schwierig zu handhabenden Sache nicht unbedingt an Hilfe. Eher an Verwunderung. Nicht aber an Verwundung.

Ich werde schweigen, was mir angesichts des fehlenden Hörers am Fenster auch nicht allzu schwer fällt. Ich werde das Fenster schließen, in die Stadt fahren. Brauche dafür ungefähr eine Stunde und werde dort bestimmt niemanden von euch vermissen. Ich werde also dort nur das vermissen: euer nie. Überall. Auch in den Wolken wart ihr. Aber nicht hier, nicht dort!

Niemandem zugeschickt

Sommer 2006

Eine Vorstellung, die der Wirklichkeit in die Nähe kam, hatten sie nicht, denn die Wirklichkeit war jenseits jeder Vorstellung.

Aber plötzlich hatten sie eine kleine Wohnung, ein großes Zimmer mitten in der Stadt, als hätten in einem kurzen Augenblick die bloßen Vorstellungen ihre Hüllen fallen und ihnen die Wahl gelassen, etwas zu verwirklichen, was ihnen vor Monaten noch undenkbar schien: einen Schlüssel, eine Türe, ein einziger Raum nur für sie, ein Bett, zwei Tische, an denen ihre verschiedenen Leben auf neue Art gestaltet werden konnten, wo Leben und Arbeiten sozusagen verschmolzen, sie sich ihrer Liebe und ihrer Liebe zu ihrer Arbeit hingeben konnten.

Als hätten wir seit Jahren nur davon geträumt, sagten sie zueinander, staunend und sich die Augen reibend, als wären sie gerade erst aus einem tiefen Schlaf erwacht, obwohl sie Stunden schon am Tisch saßen, in größter Konzentration an dem arbeiteten, was jedem von ihnen am liebsten war: Sie lektorierte erste Texte und er saß über einer Übersetzung. Wahrnehmbar manchmal ein kurzes Sichaufrichten, ein Lachen, ein Seufzen, wenn etwas nicht gelingen wollte. Ein Kuss oder eine sanfte Geste zueinander hin, um sich gleich wieder zu vertiefen. Ins Glück der Arbeit, ins Glück, sich nahe zu sein in der größten Einsamkeit, jeder ganz für sich in seiner Arbeit, die sie manchmal auch als Schwerstarbeit bezeichneten.

Durch das geöffnete Fenster waren Straßengeräusche, johlende Passanten zu hören, ein Vogelschrei, das Bellen eines Hundes oder ganz einfach das rufende, andere Leben, als hätte es sich vor ihrem Fenster verfangen in den Stimmen altbekannter Winde, von denen sie keine Absolution zu erwarten hatten und bei denen sie sich als Fremdgehende nur leise und ertappt entschuldigen konnten, dass es jetzt auch ein anderes Leben für sie gab.

Aufbrechen, sagte sie zuerst leise zu sich, dann wandte sie sich ihm zu, lachte ihn an und sagte: Brechen wir auf? Er wusste, dass damit eine kleine Flucht gemeint war, eine Ablenkung von den Attacken, von den besserwissenden Stimmen, die aus dem dunklen Loch eines Souffleurkastens zischten wie Zwiebeln im heißen Fett.

Sie liefen durch die große Markthalle, vorbei an Gemüse, an Früchten, an Brot und Käse, an Fleisch und Fisch, an Tee und Gewürzen, hörten die durcheinanderwirbelnden Stimmen der Marktschreier, die sie von ihren eigenen zu erlösen vermochten, – seit jeher konnten Märkte sie in eine geradezu euphorische Stimmung versetzen – und dann weiter zum See. Auf dem Wasser lagen schlafend die Schwäne, ihre Hälse ins Gefieder verrenkt, sahen sie aus wie große, dicke Eier, zu leicht für die Tiefe des dunklen Gewässers, das um sie herum zu brüten schien.

Von weitem sah sie einen ihr bekannten Mann, der ihnen entgegenkam. Sie zog ihren Hut tief ins Gesicht, setzte sich die große Sonnenbrille auf, wühlte in der Handtasche nach einem Taschentuch, das sie sich in dem Moment, als er sie passierte, an ihre Nase hielt, als müsste sie da ihr ganzes bewegtes Leben in den kleinen, weißen Papierfetzen hineinschnäuzen wie eine große, heftige Verkühlung, um von ihm nicht erkannt zu werden.

In ihrem Kopf schien noch immer die Alpensonne, die, kaum hinter den Bergen aufgegangen, schon wieder hinter den anderen Bergen verschwunden war. Es reichte einfach nie für die große, weite Helle.

Als er vorübergegangen war, dachte sie kurz, dass sich an dieser Sonne in ihrem Alpenkopf noch immer nichts Grundlegendes verändert hatte. Aber die Berge konnten halt nicht so wie die Gletscher schmelzen.

Sie liefen nebeneinander, und er legte ihr die Hand auf die Schulter. Da spürte sie, dass sie zitterte, und beruhigte sich erst wieder, als sie zum Ufer lief, ihr Handrücken den kleinen Wellen Wellenbrecher wurde. Mutig spie die nächste das kalte Gezisch über ihre Hand, und einer der erwachten Schwäne erinnerte sich offensichtlich daran, dass er einen langen Hals hatte. Kopfvoran stürzte er in die Tiefe, und sein Körper ragte aus dem Wasser wie ein abgetrenntes Etwas, das seinen Kopf verloren hatte und etwas ganz Neues darstellte: eine Boje, ein weißes Bündel, einen weichen Körper, gebündeltes Sumpfwollgras. Sie sagte zu ihm:

In dieser Stellung will auch ich heute Nacht schlafen.

Und ich bette meinen Kopf an Deinen runden Wollschopf, meinte er lachend.

Du meinst das Scheiden-Wollgras, das gibt es nämlich auch, lachte sie zurück.

Wir versuchen es! Ungleiche Dinge zu einem Ganzen verbinden. Wir versuchen es. Wir alle. Wir versuchen es!

Diese Sätze waren ihr geblieben, obwohl es schon länger zurücklag, dass sie *Kanada* von Richard Ford gelesen hatte.

Wir versuchen es!

Mitten in der Nacht schreckte sie auf, beruhigte sich am Atem des Schlafenden, legte ihre Hand auf seinen weißen, nackten Rücken, ihre Finger über seine Haut gleitend, als schriebe sie ihm darauf den ersten Brief durch die weite Welt, noch nicht wissend, was sich verändern würde, sich schon verändert hatte. Tage von sanfter Geborgenheit, Tage, die der Wildnis glichen, Saharastürmen, dem glatten Meer.

Auf den Bahnfahrten sah sie vor dem Fenster ihr Leben an sich vorbeiziehen wie eine blühende, brache, schmerzdurchtränkte Landschaft, und ganz gleich, ob sie ankam oder fortging, da ankam, dort fortging, dort fortging oder da ankam, sie war voller Bilder und hätte doch nicht erzählen können, was sie alles gesehen oder nicht gesehen hatte. Stattdessen erzählte sie von den Graureihern auf dem Feld, ihrem tänzerischen Stolzieren, dem eleganten Anheben zum Flug und ihrem Verschwinden dann im grauen Nebelhimmel.

Siehst du, *deine* Vögel stehen da, riefen jeweils lautstark ihre Kinder, als sie noch kleine Kinder waren und sie mit ihnen einen Ausflug machte, wenn sie vor dem Bahnfenster die Reiher erblickten, die auf den Feldern standen: Deine Vögel, schrien sie! Denn sie wussten um ihre Liebe zu ihnen. Es berührte sie jedes Mal auf die gleiche, seltsame Art, diese Aufmerksamkeit der Kinder zu spüren, die mehr ihr als den Reihern galt.

Sie saß wieder im Zug. Allein. Auf der Rückfahrt, und Rückfahrt bedeutete für sie, die Zeit der Fahrt zu nutzen, sich aus der einen nun gegebenen Ordnung zu entfernen, um in die andere auch gegebene Ordnung wieder hineinzufinden. Sie hätte diese Rückfahrt nach Hause auch Hinfahrt nennen können, aber Rückfahrt schien ihrem nagenden Gewissen angemessener. Einmal dachte sie, dass der Zug stillstehen müsste für ein Jahr oder für Jahre, dass keine Türe sich mehr öffnen lassen dürfte und sie nur durch das Fenster sehen würde, wie die Jahreszeiten kamen und gingen, nur noch das Licht trinken und die Dunkelheit schlucken, nichts anderes mehr wollen als sehen und verstehen.

Tag und Nacht. Regen und Sonne.

Schmerz und Glück.

Sie spürte eine große Müdigkeit, und Geräusche wie Kindergeschrei konnten sie jederzeit entgegen jeder Gewohnheit nun vollkommen aus dem Konzept bringen. An diesen, den einst ihr klein scheinenden und selbstverständlichsten Dingen fühlte sie den Verlust ihrer Kräfte ganz besonders. Vom berühmten Hut, unter den alles zu bringen sie sich wünschte, blieb nur noch das wenigste übrig, nicht viel mehr als ein Geflecht, durch das von außen, von innen alles durchsickern konnte, wie es gerade wollte. Sie hatte dieses Geflecht nicht im Griff oder nicht so, wie sie es von sich selber erwartete, erwartet hatte. Ihr fehlte die nötige Kälte, vielleicht war es auch die nötige Wärme, einen Ausgleich zu schaffen, um sagen zu können: Ich trage diesen Hut, voller Stolz und Selbstbewusstsein trag ich ihn.

Draußen vor dem Zugfenster schwirrten die Lichter der Häuser an ihr vorbei. Sie beneidete den vollen Mond oben am Himmel, der sich zur Hälfte hinter einer lapidaren Wolke verstecken konnte, als wollte er geizen mit seinem Licht, als wollte er verhindern, so gesehen zu werden, wie er auch gesehen hätte werden können: in voller Kraft, in ganzer Größe.

Und obwohl sie wusste, dass auch er, der Mond, zumindest aus der Sicht der Menschen, mit den Zeiten der Leere, der halben Leere leben musste, mit nicht mehr als einer schweifartigen Andeutung, war es kein Trost für sie. Schlagartig wurde ihr bewusst, dass es einen Trost für sie so gut wie nie gegeben hatte. Nicht als Kind und später nicht. Denn später, da war eine Verhärtung in ihr, dass sie einen Trost gar nicht mehr hätte fühlen können. Als sie mehr von sich erfuhr und mehr, als ihr lieb war, musste sie erst mal das Traurigsein wieder üben. So wie man einen Spagat übt, immer wieder, bis er gelingt. Das war der erste Trost für sie: dass sie wieder weinen konnte.

Einmal hatte sie für kurze Zeit einen Geliebten gehabt, dem jede Spur zu seiner eigenen Vergangenheit fehlte. Es war nicht ihre Bedingung an ihn, dass er eine hatte. Er war oft, zu oft so wahnsinnig lustig, dass sie es kaum aushalten konnte, weil sie spürte, dass sich hinter seinem Lustigsein etwas Wahnsinniges versteckte, das, ohne dass er dabei ihre Beobachtungen bemerkte, auf seinem Gesicht erschien wie ein ganz übles, übertriebenes Make-up bei einer älteren Frau.

Einmal sagte sie ganz unvermittelt zu ihm: Wasch sofort dein Gesicht!

Jahre später hörte sie von seinem Suizid. Tabletten hatten ihm nicht gereicht. Er schoss sich in den Mund. Es musste etwas sehr Lautes sein, etwas, das sein Lachen übertönte, musste es sein, das ihn zum Schweigen brachte.

Sie stieg aus dem Zug, zog sich den Regenmantel enger um die Schultern, setzte sich auf ihr Fahrrad, das sie

Tage zuvor am Bahnhof abgestellt hatte, und fuhr den langen Weg durch die regenfrische, kühle Sommernacht nach Hause.

Tage, die sich gebärdeten wie Nebel zur falschen Jahreszeit: Wie verschleiert spürte sie, und nur sie, die Gefährdung, an sich selber, am alten Gefüge, am neuen Geschehen oder umgekehrt. Kurze, lichte Momente, die sogleich wieder verschwanden, und sie sich in einer Wirklichkeit bewegte, die keine Gnade kannte. Nur alte Schuld. Es konnte ihr jetzt passieren, dass sie mitten im Liebespiel mit ihrem Geliebten das andere Gesicht sah, das ihr nichts verbat, ihr nichts spiegelte, von dem sie sich hätte irritieren lassen müssen, und dass ihre Lustschreie sich in klägliches Wimmern verwandelten, die leisen Wellen in der Vagina verebbten, als hätte sie sich weit vom Meer der Lust entfernt, eines anderen besonnen. Still verharrend unter Sternen, denen nur das wirkliche Dunkel eine kurze, nächtliche Zwiesprache erlaubte.

Tage, die im Zu-sich-selber-Sprechen ertranken und im Nichtausgesprochenen der ihr abhanden gekommenen Menschen. Hellhörig geworden auch für das Stumme, und überwach betrachtete sie den Fluss vom einen zum anderen und umgekehrt.

Sie liebte ihn doch. Ja – sie liebte ihn sehr!

Sie hatte ihn doch geliebt. Ja – sie hatte ihn sehr geliebt!

Sie hatte mit dem, was sie nun immer öfter wieder als Schuld fühlte, alleine zu leben. Die konnte sie nicht verteilen, nur in sich abtragen wie einen ihr bei der Geburt injizierten Stoff, immer wieder versuchen, unter den Krusten das zu retten, was ihr darunter weich und hell erschien, wie frühe Kindheitstage, die einst dem Leben zugewandte Unschuld. Die musste einmal dagewesen sein. Aber sie erinnerte nur das Später.

Sie würde heimkehren. Nicht in den vertrauten Garten, nicht ins Treibhaus. Weit würde sie nicht gehen müssen, und doch schien ihr der Weg dorthin endlos.

Einmal schuldlos lieben, schadlos begehren.

> Wenn Du den Brief liest, den ich Dir im Zug kurz vor dem Abschied in die Tasche steckte, werde ich zu Hause sein, wie Du irgendwo auch zu Hause sein wirst.
> Alles ist so, wie ungetragene Schuhe, die einer Gewöhnung bedürfen. So versuche ich, mich an diese neue Situation zu gewöhnen. Die Luftlinie ist jetzt zwar kürzer, aber doch zu lang für den sehnsüchtigen Papierflieger. Aber ich könnte im Grunde genommen jederzeit noch schnell nach G. kommen, mich unter Dein Fenster stellen und schauen, ob Du noch Licht hast. Bestimmt hast Du noch Licht, bestimmt sitzt Du auf deinem Bett vor dem ganz bestimmt nicht ausgepackten Koffer. Ich versuche, mir Dein Gesicht dabei vorzustellen. Aber es ist mein Sehen, und vielleicht siehst Du ganz anders aus, als ich es sehe. Du müsstest am Fenster stehen. Es würde mich zerreißen, Dich anzuschauen ohne jede mögliche Geste zu Dir hin. Das hat es zwischen uns noch nicht gegeben. Ganz neu wäre das. Gestenlos Liebende. Und irgendeinmal wird es dunkel in Deinem Zimmer. Du schläfst. Ich weiß dann nicht, was ich mit der angefangenen Nacht anfangen soll. Am See entlangspazieren, am Fluss, oder über die Brücke gehen, ins Wasser schauen und denken: Es fließt!
> Das würde mich trösten.
> Erkennen!

Dass wir Liebende sind, Liebende bleiben, die nur hie und da in der gleichen Stadt auf Zeit zusammenwohnen, aber nicht dauerhaft zusammen sind.
Dass wir immer an Orten sein werden, die Liebenden wie uns dieses Wort nicht zugestehen.
Es gibt diese Momente. Da wünschte ich Dir Deine große Metropole wieder, und mir wünschte ich sie als Ort, der von unserer Geschichte nichts weiß.
Hier kennt jeder das, was wir selber noch nicht kennen: einfach mehr als wir. So ist es immer.
Ich bin traurig, weil ich wieder an einem Ort bin, wo Du nicht bist. Ich wünschte mir die kleine Regelmäßigkeit, gleichzeitig die gleichen Flugspuren am Himmel zu sehen, ich wünschte mir, Dich über diese Brücke gehen zu sehen. Im frühen Morgenlicht. Und ich wünschte mir zu sehen, was ich an Deinem Fenster nicht sah: Dein wirkliches Gesicht!

Sie und ihr Mann hatten eine Verabredung in der Stadt, in der ihr Geliebter wohnte. Sie trafen sich dort mit ihnen bekannten und vertrauten Menschen, für alle die halbe Strecke, so hatten sie es abgemacht. Seit Jahren sahen sie diese Freunde, in welcher Stadt auch immer, sie gingen zusammen essen, plauderten über das Leben, Gott und die Welt. Die Stadt hatte sich nicht verändert, nur weil bei ihnen etwas anders geworden war.

Sie lachten jedes Mal wieder, weil sie in jeder Stadt an den Clochards nicht vorbeigehen konnten, die am Boden saßen, je nach Witterung auch in Decken gehüllt und immer mit dem Kartonkaffeebecher in der Hand, in dem schon einige Münzen klimperten, und laut nach mehr Geld riefen oder einfach »Nachtessen«, »Mittagessen«, je nachdem. Immer hatte sie eigens dafür ein paar Münzen im Sack. Diesmal lief sie vorbei.

Ihr Mann zupfte sie am Ärmel, sah sie ganz erstaunt an und fragte: Hast du denn keine Münzen in deiner Tasche? Gereizt wie eine Katze fauchte sie ihn an und meinte, er könne ja auch mal!

So war das bei ihnen noch nie gewesen: Sie kamen in die Stadt und als Zweites sagte sie dort zu ihm: Ich geh gleich wieder auf den nächsten Zug und fahre zurück.

Ein fließender Übergang. Früher, sehr viel früher schon, da hatte es solche Spiele zwischen ihnen immer wieder gegeben, aber das galt längst nicht mehr. Was früher dem Leichtsinn erlaubt war, das konnte sie jetzt mit diesem Wort nicht mehr entschuldigen, wollte sie auch nicht. Aber was war denn anders geworden?

Alles und nichts!

Sie war älter geworden, aber der Leichtsinn schien ewig jung zu bleiben, verführerisch wie ein schöner Mann.

Damals, vor Jahrzehnten, sagte der junge Liebhaber oder Geliebte oder Teilzeitgeliebte morgens um vier Uhr im Bett zu ihr:

Du, ich geh dann mal, ich will kein griechisches Drama.

Er lachte und sie lachte auch.

Er sagte das, weil der wirklich Liebende oder »Festangestellte«, wie sie das unter Freundinnen manchmal nannten, schon unterwegs zu ihr war und sie die letzten Spuren des Ersteren verwischen wollte, weil es sich nicht gut machte, ihn mit verwirrten Haaren und roter Haut zu empfangen. Der Leichtsinn verflog. Nur schon bei der bloßen Vorstellung, ertappt zu werden, wurde alles ernst. Es gab damals auch diese Übergänge von einer törichten Geschichte in die andere, die man alle für echt und zukunftsverheißend hielt. Geblieben war davon gar nichts außer den schönen Erinnerungen, wie Leichtsinn sich anfühlte, wie schön es war, an etwas zu glauben.

Jetzt war der fließende Übergang ein Übergang von einer ernsten Sache zur nächsten ernsten Sache. Beide Beziehungen waren wesentlicher Bestandteil ihres Lebens geworden. Was für sie einmal unvorstellbar gewesen war, floss jetzt ineinander, nicht ohne in den Übergängen immer wieder Gefühlen ausgesetzt zu sein, die ihr manchmal mehr abverlangten, als sie zu bewältigen imstande war. Wie plötzlich einbrechende Winde, und sie war das Herbstlaub. Ohne jede Macht über das eigene Herumwirbeln.

Sie wechselte nach einer Nacht mit ihrem Ehemann vom Hotelzimmer zur Zimmerwohnung des Geliebten, um zwei weitere Nächte in derselben Stadt mit ihm zu verbringen.

Dieselbe Stadt, andere Zimmer, zwei verschiedene Menschen, unterschiedlichste Einzigartigkeiten. Sie liebte den Verlassenen auf ihre Art und im Wiedersehen den Geliebten auf eine andere Art, und auch ihn ließ sie wieder als einsamen Wolf zurück, kehrte nach stürmischer Zeit zurück, dorthin, wo das gewöhnliche Leben weiterging in einem ungewöhnlichen Zustand einer anderen Liebe.

Sie wanderte mit dem Geliebten durch die Stadt, durch die sie gerade mit ihrem Mann gewandert war. Die Plätze hatten sich nicht verändert, und doch schien ihr jetzt alles anders. Eine Schwüle hing in der Luft, Wolken, die düster und schwer in sich versunken schienen.

Heute gibt's ein Gewitter, sagte sie.

Aber dann aßen sie ein Nachtessen in einem künstlich begrünten Garten, während drinnen im Lokal zwei Fußballmannschaften gegeneinander kämpften, die Zuschauer, je nach Zugehörigkeit, laute Freudenschreie oder ebenso laute Flüche ausstießen.

Erst in der Nacht war der heftige und peitschende Regen am Fenster zu hören.

Sie lagen umarmt im Bett. Und als sie das tiefe, regelmäßige Atmen von ihm hörte, löste sie sich sacht aus der Umarmung, schaute zur Decke und konnte, wollte nicht schlafen. Den nackten, weißen, schönen Rücken musste sie betrachten, das Licht, die in Streifen eingeteilte Helle durch die Jalousien, die in einer Stadt nie erlischt. Sie musste ihr Leben betrachten, mit dem Betrachten ihres Lebens spüren, dass ihre Augen ein eigenes Daseinkönnen entwickelten: Sie weinten!

Tags darauf im Zug versuchte sie die kurze Umarmung am Bahnhof in Gedanken nachzuspielen, zu vergleichen mit den letzten und anderen Abschiedsumarmungen, und sie vermochte nicht, in der letzten das Gleiche zu erkennen. Nur eine kleine, subtile Veränderung war da, der sie so großzügigen Platz einräumte und die sie nach Gutdünken verstellen konnte, wie es ihr gerade richtig oder falsch oder richtig falsch schien. So musste das auch mit einem Möbelstück sein, das nicht wirklich passte: ein Hin- und Herschieben und Feststellen, dass es keinen Sinn macht, Vorstellungen der Wirklichkeit anpassen zu wollen. Entweder hatte sie sich im Möbel oder im Raum getäuscht.

Neben ihr auf der Gegenseite ein altes Ehepaar. Er wie erstarrt auf seinem Sitz und sie ihm gegenüber, damit beschäftigt, eine Jacke schön zusammenzulegen, um sie in der Tasche verstauen zu können.

Die legt ihre Ehe, die sie nicht mehr gebrauchen kann, zusammen und lässt sie einfach verschwinden, dachte sie, so kraftvoll wirkte diese Geste. Dann fragte die Frau ihren alten Mann:

Willst du etwas essen?

Er sagte bloß: Mh, mh, mh, und schaute dann aus dem Fenster.

Mh, wiederholte sie einige Male und schaute ihn an, fragte ihn wieder und er sagte Ähm und Ähm und Ähm.

Sie fragte wieder, etwas lauter diesmal, und dann sagte er laut und deutlich: Ja!, dass seine Frau erschrak.

Sie kramte in ihrer Tasche, zog ein Tupperware heraus, öffnete es umständlich, während er ihr zusah, zog daraus eine Packung Knäckebrot hervor, riss das Papier auf und gab ihm ein Stück in die Hand, das er sofort zum Mund führte und knackend aß. Die Frau verstaute das Gefäß mit dem Brot wieder in ihrer Tasche, zog den Reißverschluss, und er sagte: Ich habe Hunger.

Abends betrachtete sie in ihrer Unterhose die eingetrockneten Spermien und roch daran. Die übliche Sehnsucht überfiel sie dabei. Sie fühlte seine schöne Hand wieder auf ihrem Körper und seinen Blick, wenn ihr Atem schneller wurde.

Was zwischen dem einen Höhenflug und der unbeflügelten Abschiedsszene vorgefallen war, vermochte sie im Augenblick des Abschieds nicht wirklich zu erfassen.

Ein Abschied in der Öffentlichkeit, umringt von Menschen, umringt von der Möglichkeit, ertappt zu werden bei einer mehr als nur harmlosen Umarmung.

Eine Begegnung, inmitten von Chicago, kam ihr in den Sinn. Sie war dort einmal alleine reisend unterwegs und prallte mitten in der Stadt mit einem Menschen zusammen, als sie an einer Häuserfassade hochstarrte. Sorry und Sorry, und beim näheren Hinschauen: Ja das gibt's doch aber nicht, sagten sie und lachten. Sie kannten sich nicht gut, kannten sich aber so, dass man das sofort überall weitererzählen musste: Du, jetzt stell dir mal vor, wen ich wo und so weiter und so fort.

Ja – auch das war Teil ihres Lebens geworden: das Geheimnis als Schutz der eigenen Zerbrechlichkeit. Bedingungen, die, so meinte sie, nicht nur dem Schutz, sondern auch ihrer Ängstlichkeit, ihrer Mutlosigkeit zuzuschreiben waren.

Einmal, in der Aufwallung eines trostlosen Fühlens, sagte sie zu ihm:

Du stehst nicht zu mir!

Er meinte, er schütze doch bloß ihre Privatsphäre, ihre Familie, ihre Kinder.

Sie sagte:

Nein, du schützt nur dich selber.

Einsamkeit, die sich auflöste, sobald sie sich ihrem Glück überließen, ihrer begrenzten Zeit. Und als ob diese Einsamkeit die Aufgabe einer stillen Beobachterin übernommen hätte, war sie stets bereit, wie aus dem Nichts aufzutauchen, als stille, gnadenlose Begleiterin, durch Tage, durch Nächte, durch Straßen und Gassen, durch Leermond und Vollmond, durch jedes Wetter, und sie beide, getrennt voneinander, sahen es aus ihrer jeweiligen Perspektive heraus so verschieden, was ihnen diese Begleiterin zufügte, dass sie beim nächsten Wiedersehen zuerst die entstandenen Missverständnisse ausräumen mussten wie nutzlose Gegenstände aus dem Schrank. Sein anderes Sehen machte sie manchmal stumm, weil es ihrem Fühlen oder ihrer Ordnung, von der sie glaubte, dass es die richtige Ordnung wäre, die doch falsch war, widersprach.

Sie und er hatten dann dieselbe Arbeit zu leisten. Er und sie hatten dann in dieselbe Richtung zu gehen, dorthin, wo die Liebe auf sie wartete, wo das Leben umstandslos und erfüllend, heftig und leidenschaftlich war.

Willst du dir das alles wirklich nochmals antun?

Ja – auch das.

Manchmal, trotz der kleinen Ordnung, die sie überall hergestellt zu haben glaubte, ertappte sie sich dabei, wieder nur in und mit den Briefen zu leben, leben zu wollen, mit denen alles angefangen hatte. Sie wünschte sich ihn wieder in die ferne Stadt zurück, in die kleine Gastdozenten-Wohnung, in der sie nur ein einziges Mal gewesen war und sah, wo er ihr die Briefe geschrieben hatte, wo er ihr weitere Briefe schreiben würde, das Sofa, von dem er ihr öfter geschrieben hatte und ihr schrieb, dass er ständig hinunterfiele, weil es nicht wirklich ein gutes Sofa wäre. Das Bett, in dem er schlief und in dem sie an jenem einzigen Nachmittag zusammen lagen, bevor sie zum Flughafen fuhr, in dem sie sich heftig liebten und das sie dann verließen im ersten Grau des Abends. Sie wünschte sich, dass er ihr wieder von all den Straßen, die er abwanderte, schreiben würde, vom Fluss, in dem sich gerade der Vollmond spiegelte, vom Park und seinen Blättern. Ja sogar die Unmöglichkeit, ihn sehen zu können, wünschte sie sich wieder zurück, diesen Zustand bloßen Sehnens.

... Weißt Du, wenn ich alle diese müden, abgestellten Paare überall sehe, und das ist nicht erst seit unserer Beziehung so, wie sich, mit seltenen Ausnahmen, diese Paare unentwegt etwas vormachen, denke ich immer: Was sind das nur für wahnsinnige Gefüge, mit denen sich Menschen aneinander binden! Manchmal frage ich mich, ob ich eigentlich alle Realitäten, die das Leben nun mal hat, blind ausschalte und

ob das hier, was Du und ich gerade erleben, einfach großartige Anfangsschönheit einer Beziehung ist, die dann auch langsam, langsam wieder abflacht, um dort zu enden, wo das Sich-etwas-Vormachen wieder von neuem beginnt.
Julia

Das beobachte ich ja auch ständig um mich herum, diese Lustlosigkeit, dieses Herumgedruckse, ja, es geht uns sehr gut, aber ...
Ich weiß auch nicht, was das ist, dieses Paar-Unglück.
Man kommt zusammen und baut ein Fassadenglück und wird unglücklich darüber oder so. Es passiert einfach, schleichend, täglich, alltäglich ...
Lino

Er hatte Tage oder Wochen zuvor gesagt:

Ich möchte an einen Ort, wo es Wasser gibt, und sie sagte:

Es gibt da einen Fluss.

Sie hatte ein Bild von diesem Fluss und eine Vorstellung davon, wie dieser Fluss ein neues Bild für sie werden würde: breites Flussbett, lauschige Kiesbänke. Und dass da auch Tiere zu sehen waren, das sahen sie, als sie zum ersten Mal am Fluss saßen. Still und ruhig wie auf einem Bild.

Ganz unvermittelt fragte er sie:

Brauchst du eine Stimulanz?, und hielt ihr die linke Hand hin, auf der der schöne Geruch der letzten Stunden zu riechen war. Sie hielten sich an diesen Händen, die für sie das Erlebte weitertrugen, damit sie sich so den ganzen Tag ans Spiel erinnern konnten.

Sie legte ihren Arm in seinen Arm, und sie merkte plötzlich, wie sie all diese kleinen Dinge wieder fühlen konnte: fließendes Wasser, Steine, einen Arm, Haare, die der Wind ihr ins Gesicht wehte wie leichte Fäden eines Spinnennetzes. Unbeschreibliche Zeit. Unbekanntes Meer, an dem sie nie gestanden, in dem sie nie gebadet hatten.

Auf der anderen Flussseite sahen sie Fischotter, und im Ufergras stolzierte ein prächtiges farbiges Fasanenmännchen.

Fischer aus dem Dorf saßen am Ufer, warfen ihre Ruten ins Wasser und ergaben sich wortlos dieser Stille.

Die wechselnden Welten in jenem Sommer

Tage, bei Aufenthalten im alten Bauernhaus, da gehen sie und ihr Mann sprachlos nebeneinander übers Feld, durch den Wald. Das taten sie schon immer, ohne dass das Schweigen den anderen zu stören vermochte, ganz im Gegenteil, aber jetzt fühlte sich diese Sprachlosigkeit wie eine Verweigerung an. Sie machte dann noch größere Schritte und er noch kleinere. Die Distanz wurde immer größer. So konnten sie sich beide ihren Gedanken widmen, die genau so weit auseinanderlagen wie ihre Wegdistanz. Wartete sie dann irgendwo, wenn sie ihn nicht mehr sehen konnte, wusste sie um sein ruhiges Gehen, sein entspanntes Gesicht und dass er in Gedanken bei einem Musikstück sein musste oder in einem Gartenbeet, und kaum sah er, dass sie auf ihn wartete, beeilte er sich, als spürte er das Ungehaltensein von ihr schon von weitem. Ihre Gedankenwelten prallten da in einem lichten Waldstück aufeinander wie ein Vogel und ein Fensterglas. Früher war sie der Vogel und er das Glas gewesen, und immer öfter war es jetzt umgekehrt. Er war der Vogel.

Sie sagte zu ihm:

Ich sehe da nicht mehr durch! Du, sag was, ich weiß da nicht mehr weiter!

Er schaute sie an wie immer. Nichts Neues oder Ablehnendes war in seinem Blick. Keine Trauer. Im offenen Blau seiner Augen spiegelte sich ein südlicher Himmel.

Momente größter Vertrautheit, in denen jeder dem anderen die eigene Befindlichkeit zeigen, in denen wieder geklärt werden konnte, was wirklich vom anderen kam oder nur der eigenen gefühlten Schuld galt, die durch die neue Situation entstanden war oder wieder aktiviert wurde.

Sie lehnte sich an ihn.

Neu war das nicht, dass sie bei ihm weinen konnte, wie auch umgekehrt, aber jetzt war es ein anderes, schwierigeres Weinen. Sie tat, so glaubte sie zu spüren, einem ihr lange vertrauten Menschen weh und weinte bei ihm.

Er hielt sie umschlungen und strich ihr über die Haare.

Es geht mir gut, du brauchst dir wegen mir keine Sorgen zu machen!

Durch kleinste Veränderungen erfuhr sie noch einmal, dass die Vergangenheit sie immer dann wieder einholte, wenn sie glaubte, sie längst hinter sich zu haben. Eine Vergangenheit, die der Religion und anderen Abhängigkeiten mehr zubilligte, als der persönlichen Freiheit und Selbstbestimmung. Als hätte sie ein Radio angedreht, hörte sie wieder die alten, sie verstörenden Stimmen. Und als sie es ausschaltete, hörte sie die Stimmen noch immer.

Sie sagte zu ihm:

Weißt du, wir könnten es uns jetzt ganz einfach machen. Wir provozieren uns gegenseitig mit Vorwürfen, mit Schuldzuweisungen, mit Entbehrungen, mit dem ganzen gottverdammten Mist, den alle immer auflisten, um entweder gehen oder fremdgehen zu können.

Aber sie wollte gar nicht gehen. Sie wollte ihm keine Schuld geben und auch sich selber nicht! Niemandem.

Oft waren es Morgenspaziergänge über die südliche Erde. Der sonst staubig trockene Weg vom Regen verwandelt, weich und lehmig die Schicht. Ihre Schuhsohlen sogen sich voll damit, und sie mussten achtgeben, nicht auszurutschen. Sie betrachteten die Wegwarten, den Mohn und viele andere Blumen, die sie nicht namentlich kannten. Sie blieb stehen, bei ihnen stehen, um nicht wie gewohnt und üblich, bereits ein anderes Projekt im Kopf, fast zielstrebig an ihnen vorbeizugehen. Sie sah am Rand eines Getreidefelds ein Reh. Ihre Stimmung, die morschem Holz glich, verwandelte sich durch den Anblick des Tiers in normales Fühlen, in das Wahrnehmen, die schöne Landschaft als schöne Landschaft gelten zu lassen. Nichts anderes. Kaum hatte sie es so gedacht, gefühlt, verschwand das Reh im Wald, und sie fragte sich, ob wohl auch Rehe fremdgingen, sie sich dort im Wald auch zurechtfinden mussten wie sie im Dickicht ihrer Gedanken.

Auch uns wird diese andere Zeit zugeteilt.

Auf dem Spaziergang, als sie an ihren Geliebten dachte, ging ihr dieser Satz, der sich in ihr Hirn gesetzt hatte wie ein Unkraut, nicht mehr aus dem Kopf. In den verschiedensten Variationen überfiel er sie fortlaufend,

diese Zeit wird uns
wird uns diese Zeit
zugeteiltes uns auch
anderes mit der Zeit

Zu Hause schrieb sie den Satz auf einen Notizzettel, den sie aber bestimmt wieder verlor.

Auch uns wird diese andere Zeit zugeteilt.

Sie wusste, dass sie ihm nie etwas von diesem Satz sagen oder schreiben würde, nicht eine einzige Version davon. Sie wusste, dass er seine Träume nicht von solchen ihn mutlos stimmenden Zukunftsperspektiven, auch wenn es die wirklichen waren, touchiert haben wollte.

Einmal sagte sie zu ihm, dass er Verletzungen habe wie sie.

Sie wusste um die ihren, die sich seit ihren Kindertagen zunehmend als ein Sich-schuldig-Fühlen entwickelten, er wollte von seinen lange nichts wissen. Und ihm zu sagen: Auch uns wird diese andere Zeit zugeteilt, andere Worte, auch Schmerz, der in Worten wohnen und ausbrechen kann, mitten an einem Nachmittag, in einer Nacht, wenn der Nachmittag lang wird und die Nacht dunkler als jeder kahle Zweig im Winter, hätte es dieses Sehen gebraucht.

Einmal sagte sie zu sich:

Du schweigst nicht ihm, sondern nur dir zuliebe.

Ja, mir zuliebe, ihm zuliebe, der ganzen verfluchten Welt zuliebe, der Liebe zuliebe, und nicht zuletzt: Alles ist nur immer Wiederholung!

Am späten Abend schrieb er ihr:

> Entschuldige bitte, gestern habe ich das einzige Fußballspiel dieser Europameisterschaften geschaut, eins muss man wohl gesehen haben.

Er schrieb ihr das, nachdem sie geschrieben hatte, sie vermisse seine Nachricht. Das war ihr Abendspiel bei längeren Trennungen, und am Morgen schrieb sie ihm:

Soso, also ein einziges Goal gegen die Erotik!

Nach einem heftigen Gewitter um die Mittagszeit herum klarte gegen Abend der Himmel wieder auf. Leicht wirkende Wolkenseide war noch am Horizont zu sehen, und wo auf die leuchtenden Weizenfelder, die abgeernteten Kleefelder, die durchpflügten, dunklen Äcker, die ihre Farben fast stündlich wechselten, ein Licht fiel, das es so nur in dieser Hügellandschaft im Süden gab, und *wo zwischen den Steinen Geranien wachsen* und im Tal schon die erste, sanfte Dunkelheit lag, in Zwiesprache mit dem dichten Wald, breitete sich eine Stille aus, die sie an Nächte mit ihm erinnerte, an große Übereinstimmung.

Leben, das Teil eines Lebens geworden war, nur Teil eines großen Ganzen, der für Stunden aber das Ganze auszumachen vermochte, sowohl bei ihrem Mann wie bei ihm, dem Geliebten.

In der Nacht träumte sie von ihrem Vater, der alt und gebückt an der Hand ihrer Schwester ging, vorwurfsvoll die Blicke der beiden über das Glück auf ihrem Gesicht. Sie wandte sich ab von ihnen und wollte ihren Traum nicht einer Wirklichkeit überlassen, ja, sie wehrte sich, noch halb im Traum, gegen dieses Gefühl, jedes Glück müsse immer auch mit Trauer, Vorwürfen, Schuld überlagert sein.

Sie erwachte mit nassen Augen.

Besuch war angesagt. Liebe Menschen kamen, die von ihrer Geschichte nichts wussten. Sie kannten sie nur als Ehefrau und als Mutter, sie kannten sie als ehemalige Buchhändlerin, sie kannten sie als lebhafte Unterhalterin und kreative Köchin, sie kannten sie wie einen Menschen, von dem man mehr nicht wissen muss.

Die Briefe mit ihm gingen trotzdem hin und her, ohne

dass das eine Sein das andere störte oder tangierte. Sie konnte doch zwischen zwei Bissen ganz sehnsüchtig und liebevoll an ihn denken. Oder sie konnte auf das Dessert verzichten und stattdessen den anderen zuschauen, wie ihnen die Süßigkeiten auf der Zunge zergingen wie ihr jeweils seine Küsse. Das ging ganz gut, obwohl ihr diese Rollen nicht auf den Leib geschrieben waren. Sie spielte gar nicht! Für Spiele war sie zu alt, aber jung genug, nichts Abwegiges daran zu finden, noch einmal zu lieben. So lichte Momente, die gab es auch.

Sie schrieb ihm:

> Hier kommt Besuch, es wird etwas enger mit unseren Briefen, oder kürzer werden sie.

Und er schrieb zurück:

> Vollkommen egal, ich liebe Dich!

Manchmal hatte sie es ganz zuvorderst auf der Zunge zu sagen: Hört mir mal gut zu, ich gehe fremd. Eigentlich wollte sie wissen, wer ihr dann noch blieb. Sie wollte wissen, ob dieses Geständnis sie für alle zur Fremden machte. Ja! Davor hatte sie Angst, und davor, dass sie es selber als größte Befremdung empfand, darüber nicht einmal mit den ihr nahe stehenden Menschen sprechen zu können. Das war die größte Einsamkeit.

Wohin geht's?, konnte sie an ihrem Wohnort schon immer mit der größten Selbstverständlichkeit von ihr nicht unbedingt vertrauten Leuten auf der Straße gefragt werden, wenn sie wieder einmal mit ihrem Köfferchen, manchmal auch nur mit der Handtasche zum Bahnhof ging, und sie sagte nur: Fort. Ich geh fort. Das hatte sie schon immer so gesagt, leichthin und ohne jede Notwendigkeit, mehr dazu sagen zu müssen. Dieses »fort« war plötzlich ein Reizwort geworden, Grund für Spekulationen, dachte sie, und so blieb sie kurz stehen, zählte Namen wie Pieksämaki, Timbuktu, Moradabad auf.

Wo-, wo-, wohin?, fragten sie dann ganz entrüstet wie Schwerhörige. Sie zeigte auf ihre Uhr am Handgelenk, und bis sie die Namen irgendwie nachgestammelt hatten, hatte sie sich schon einige Meter aus dem Dunstkreis ihrer Neugier entfernt, mit dem guten Gefühl, nicht wirklich gelogen zu haben.

Einmal, als sie mit ihrem Geliebten wieder ein paar Tage in einem Tal weilte, spazierten sie frühmorgens am Bach entlang. Die Pension lag unmittelbar neben dem an dieser Stelle forschen Bachrauschen, das sie früher als gewohnt aufstehen ließ. Auf der sonnenbeschienenen Talseite wanderte das Licht langsam die Berghänge entlang zum Bach herunter, wo sie bereits unterwegs waren. Nur das Rauschen einiger über die Felswände donnernder Sturzbäche war zu hören. Dann wieder Stille. An einer sehr geschützten Stelle, die von Farn und Grasbüscheln leicht umringt oder überdeckt war, sah sie plötzlich das braune Glänzen einer Schlangenhaut, und als sie vorsichtig näher ging und gleichzeitig ihm mit dem Finger auf dem Mund zu verstehen gab, stille zu sein, sah sie, dass eine zweite, etwas dunkler gefärbte Schlange bei der anderen lag. Ineinander und übereinander gerollt, ihre Köpfchen auf der Haut der anderen, lagen sie da an der Sonne, und er sagte später im Garten zu ihr:

Ich hätte sie gar nicht gesehen, weißt du, dir entgeht einfach nichts.

Sie fuhr zurück!

Er fuhr zurück!

Liebe Julia,
so schön war es in diesem Tal, am Bach, auf den warmen Steinen mit Dir.
Und jetzt sind wir da wieder in eine unserer eigenartigen »Krisen« geschlittert. Ich sage eigenartig, weil ich mich plötzlich mit dem Rücken gegen die Wand gedrängt fühle, für etwas, was sich doch gar nicht wirklich absolut klären lässt. Wir leben doch nicht so eng symbiotisch zusammen, dass wir jedes Ding zwischen uns bis ins Tiefste ausloten und klären müssen.
Wir leben doch unsere eigenen Leben in jeweils eigenem Umfeld, und unsere Liebe tangiert das nicht. Das Abschiednehmen nach längerem Zusammensein mag hart anmuten, aber es ist unsere gewählte Beziehungsform, und wir haben uns auch entschieden, dass das letztlich immer so bleiben soll. Ich bin ein vorsichtiger, ein ängstlicher Mann und ein Mensch, der sich in vielem allein der geistigen Phantasie verdankt. Und ich empfinde das im Tiefsten als sehr stabil und verlässlich, die Realitäten akzeptierend, bisweilen mag es sogar etwas naiv und albern oder arg unspektakulär wirken. Aber ich empfinde es immer als merkwürdig, wenn Du dieses Gefüge als problematisch anschaust, weil ich da zu eigen, selbstbezogen, auf mich gestellt und zurückgezogen wirke.
Ich hatte auf der Heimfahrt aus dem Tal plötzlich das Gefühl, als Du Deine nächste Ferienreise mit Deinem Mann erwähntest, dass Du so etwas Unsicheres bekamst, als wäre das für unsere Beziehung, für unsere Begegnungen etwas Ungutes. Es ist für unser Zusammensein von keiner Bedeutung, bedeutet also auch keine Krise. Das Merkwürdige, heute habe ich übrigens zum ersten Mal an mir selber gespürt, dass mein Alleinsein, wie ich es in der großen

Stadt sehr genossen habe, eigentlich gar nicht so gut ist für unsere Beziehung, denn es führt dazu, dass Du Dich fast rechtfertigen musst über das Zusammensein mit Freunden und Bekannten, während ich redigiere und schreibe. Ich habe mir heute Abend gedacht, dass ich wieder mehr unter die Leute gehen, mich auf andere Menschen einlassen will. Und so wird es auch wieder mehr zu erzählen geben.
Wünsche Dir einen wunderschönen Tag!
Love
Lino

Lieber Lino,
gestern am Telefon konnte ich Dich nicht mehr spüren, und das tat weh. Das ist aber doch mein ganz alleiniges Wehtun und das wirkt dann beim leisen Dich-darauf-Ansprechen schon zu symbiotisch.
Ich glaube nicht, dass ich Dir jemals Dein zurückgezogenes und Dir innerlich ganz und gar entsprechendes, von Dir gewähltes Leben vorgeworfen habe im Sinne einer unerhörten oder unmöglich fordernden Erwartungshaltung meinerseits!
Ganz im Gegenteil, lieber Lino: Ich habe es bis anhin weder in Deinen Freundeskreis noch irgendwoandershin geschafft und merke jetzt, dass ich es nicht mal zu *Dir* hin schaffe.
Dass Du nun wieder rausgehen willst, damit wir uns mehr zu erzählen haben, das hat so etwas seltsam Beleidigendes an sich, als erfülltest Du nicht Dir, sondern nur mir damit einen ganz und gar unerhörten Wunsch.
Diese Welt ist einfach nicht gut ausgedacht für uns!
Und ich glaube, es gibt auch keine Vorgaben, die unser Handling jeweils bestimmen können. Das können nur wir, und das können wir nur, wenn wir anerkennen, dass wir nicht die ständigen »Übermeister« sind, die alles immer im

Griff haben. Es tut mir also sehr leid, wenn ich Dich verletzt habe!
Wenn ich Dir meine »Alleingänge« mitteile oder andere Termine von mir, dann doch nur darum, Dich teilnehmen zu lassen an einem Leben, das uns beiden nicht frei zur Verfügung steht. Ich will Dir einfach Bescheid sagen, wo ich bin.
Hach Du
Julia

Fremdgehen ist anstrengend, Treubleiben nicht weniger!

Ich muss akzeptieren, dass es bei Dir eine Welt gibt, in der ich nichts zu suchen habe, und ich suche auch nicht mehr nach den Gründen, warum das so ist.

Nie nach der Farbe deiner Seele gefragt.

Es gibt uns, wenn wir zusammen sind, als Paar, als Liebende, als Verborgene, als Geheime, als Träumende, und kaum verlassen wir diese Räume, beginnt die Nebenwelt ihre ganz eigene Rolle zu spielen.
So oft habe ich Dich auf Dinge angesprochen, die Teile Deines Lebens betreffen – es war nicht aus Neugier, sondern aus Interesse an Dir –, mit dem Resultat, dass Du Dich ins Schneckenhaus zurückgezogen, mich bloßen Vermutungen überlassen hast: Ein Nichtzumirstehen nannte ich es einmal in einem Anflug von Ohnmacht.
Da die Liebe, dort das Leben, denen jede Verbindung fehlt.

Es ist 20 Uhr 30. Alle möglichen Leitungen sind still!

Du willst eine schöne, leidenschaftliche, erotische, konfliktfreie, fraglose Beziehung. Aber die gibt es in dieser Form nicht.

Es ist spät geworden, lieber Lino, aber schlafen kann ich nicht. Könnte ich Dich doch berühren, alles andere zerfiele damit. Weißt Du, Berührungen sind gute Schmerzvertreiber …
Ich habe das Gefühl, dass ich Dir zu schwierig bin, zu unbequem, zu fragend, und die Schwierigkeit ist, dass ich oft unbequem frage. Dass ich wissen möchte, wer Du bist, und Du vielleicht gar nicht willst, dass ich das von Dir weiß.
Ganz hoffnungslos bin ich geworden, dass wir auch dieses große Lieben in ein kleines Leben, ein kleinstes gemeinsames Leben einfügen können. Ich bin ganz unglücklich, dass aus dieser großen Möglichkeit die kleinste geworden ist.
Dass mir Deinen von vielen Wenn und Aber eingemauerten Standpunkten entgegenzutreten langsam jede Kraft fehlt.
Julia

Herbst 2006

Insel

Sie verstand nicht, was an diesem Tag passierte, dass plötzlich alles ganz anders war, und wusste nicht, wie anders ein solcher Tag plötzlich sein kann.

Es regnete draußen, Zweige schlugen ans Fenster.

Sie lag auf dem Bett, müde von der letzten Nacht.

Er kam nicht zu ihr ans Bett. Durch ihre halb geöffneten Augen sah sie ihn, gebeugt über seine Arbeit.

Sie kritisierte ihn nicht, als sie aufstand, sie umarmte ihn nicht. Sie sah ihn nicht an, sie mied jede Berührung und wollte so von ihm zu wissen bekommen, ob ihn das berührte, ob er spürte, dass sie auf seine Berührungen wartete, auf sein Sie-Sehen, auf einen Kuss, aber nichts geschah. Das war ganz neu, ganz unerwartet anders, ganz unbekannt in ihrem durchforsteten Wald, von dem sie glaubte, ihn so gut zu kennen, dass nichts Neues mehr hinzukommen oder schmerzen könnte.

Später aßen sie bei einem Italiener eine Pasta und tranken dann in der Bar ein Glas Weißwein.

Ein seltsamer, fast eigensinniger Abend. In der Bar, die sie öfter aufsuchten, stieß ihr rechter Ellbogen an einen hinter ihr stehenden Flaschenhals. Die Flasche kippte und stieß ihrerseits an eine andere Flasche, schlug dieser den Hals weg, der am Boden in tausend Stücke zersplitterte. Große Augen starrten sie an.

Warum sie hier damit anfängt?

Sie muss dort in der Bar auch noch etwas anderes angestoßen haben. Sie sprach ihn auf Dinge an, die er nicht angesprochen haben wollte, sie tranken weiter ihren Wein, und wie immer bestimmte ein erotisches Knistern zwischen ihnen alles, und sie sagte auf dem Weg nach Hause zu ihm, sie habe manchmal das Gefühl, dass sich alles zwischen ihnen nur auf dieser Ebene bewege, worauf sie sich sofort heftig küssten.

Als sie im Bett lagen, spürte sie zum ersten Mal ein zurückhaltendes, ja fast abweisendes Verhalten von ihm, das sie nicht verstehen, nicht einordnen konnte.

Sie fragte:

Hab ich was Falsches gemacht, gesagt?

Er verneinte.

Ich höre nur dem Regen draußen zu, sagte er, ihr den Rücken zukehrend, zu sich, zu ihr.

So hörte sie auch dem Draußen zu, und in ihrem Innern bewegte sich etwas, das sie kannte, das sie verstörte und das sie lange so nicht mehr gespürt hatte.

Sie wandte sich ab von ihm und bald hörte sie sein regelmäßiges Atmen, das Ein und Aus der Lungenzüge, begleitet von abrupten Unterbrüchen, als erinnerte er sich daran, den Regen draußen ohne ein einziges Wort verlassen zu haben.

Sie packte ihren Koffer, sie packte ihren Stolz, sie packte ihre Auflehnung, alles packte sie da im Bett liegend ein.

Willst du das alles wieder erleben

Der erste Lichtstreifen drang ins Zimmer, als sie einschlief.

Winter 2006/2007

> *Was ich jetzt tue? Ich fange von vorn an und danach fange ich von hinten an. Ich fliehe jede äußere Erinnerung an die ganze Sache, während sich meine Seele Tag und Nacht, wachend und im Traum, unablässig damit beschäftigt.*
>
> Sören Kierkegaard

Willst du das alles wieder erleben

Liebste Julia,
wir reagieren auf Konflikte ganz unterschiedlich. Du kennst mich zu wenig lange, sonst würde Dich das gar nicht mehr aufregen, sondern Du würdest einfach zusehen und Dir das Deinige denken.
Wenn ich 20 Jahre zurückblicke, so bin ich mit einem Mal sehr langsam geworden. Das Lesen braucht mehr Zeit, das Notizenmachen, das Aufschreiben, sogar das Überdenken. Wäre ich 20 Jahre jünger, ich würde mich dadurch keineswegs beeinflussen lassen. Aber jetzt merke ich, dass ich diese Spannkraft nicht mehr ohne weiteres aufbringe.
Was hat das nun alles mit unserer Liebesbeziehung zu tun? Eigentlich gar nichts. Es ist einfach nur sporadisch da, dieses Gefühl, ich tauge ja zu gar nichts, Du hättest etwas viel Besseres, Angenehmeres verdient. Jemanden, der Dich einfach anruft und sagt: Ich steh mit dem Auto vor der Tür, hast du Lust auf eine Spritzfahrt durch den Regen? Und wenn Du fragst, weshalb, so sage ich einfach: Weil ich Dich liebe und mit Dir zusammen sein will. Und wenn Du dann fragst, was ich möchte, so sage ich einfach, Dir nahe sein bei einem Glas Wein und über Gott und die Welt schnurren.
Fühle mich gerade so klein, dass ich mich in die Einsamkeit flüchte, um im Alleinsein wieder zu ganz neuen Kräften zu kommen.
Lino

Lieber Lino,
in der Nacht hatte ich einen Traum, an den ich mich nun so gut erinnern kann, dass ich ihn zeichnen könnte! Ich lag mit einer Blinddarmentzündung in einem Spital. Im Operationssaal wurde mir ein Mittel gespritzt, das ein bisschen duselig machte. Ich wollte dann unbedingt selber vom Bett auf den daneben stehenden, fahrbaren Schragen steigen.

Ich machte mich über mein Torkeln lustig und landete heil auf dem OP-Tisch, sagte: Da wären wir, und alle rundherum haben gelacht, ich wurde narkotisiert, und als ich erwachte, tat mir überhaupt nichts weh! Ich wollte sofort aufstehen, aber ein Arzt hat mir erklärt, dass ich mindestens einen Tag lang liegen müsse! Kaum war der aus dem Zimmer, bin ich aufgestanden, habe das Spital durch den Hinterausgang verlassen und bin nach Hause gegangen!
Soso, dachte ich heute Morgen, das ist mir ja ein schöner Traum…

Heute fahre ich in die Stadt, um eine Freundin zu treffen. Du schriebst gestern, dass es nicht relevant für unsere Beziehung sei, mit wem und wohin ich jeweils gehe. Ich sag es Dir trotzdem und einfach deshalb, weil ich vielleicht nicht gleich schnell auf Deine Briefe oder SMS reagiere und, ja, weil ich Dir einfach gerne sage, wo ich bin, auch wenn das ganz unerheblich für Dich ist.
Julia

Ich habe Dich geliebt, ich liebe Dich, ich werde Dich immer lieben. Ja! Aber kämpfen, das werde ich nie mehr tun. Nicht für die Liebe, nicht für ein Begehren, nicht für die großartigsten Nächte, in denen es uns gelang, alles abzustreifen, und wir uns nackt, schön, hemmungslos begegnen konnten, als hätten wir seit Ewigkeiten darauf gewartet, uns wieder einmal, noch einmal wieder gehen lassen zu können, alles zu vergessen in einer großen Innigkeit.

Nicht abgeschickt

Sie hat den Brief nicht abgeschickt. Sie hat den Brief nicht abgeschickt, weil er im ersten Satz eine Vergangenheit erwähnte: Ich habe Dich geliebt. Sie erschrak, als sie das wieder las.

Sie wartet auf den guten Tag oder die schlechte Nacht. Die zwei einzigen Möglichkeiten, in sich zu finden, was schon immer dort gewesen sein muss. Das Chaos der Kindheit und die stets versuchte Ordnung der Sicht darauf. Sie wartet auf keinen Trost! Das hat sie mit sich selber ausgemacht. Liebende brauchen doch nur genug Atem. So viel Atem, um nicht wieder an die Oberfläche zu gelangen. Aber da war sie nun doch wieder. Sie schnappte nach Luft, nach der gewöhnlichen, sauberen Luft.

Ihr Mann kam nach draußen. Sie stand auf der untersten Treppe, die auf die Straße führte. Es war dunkel geworden und kalt. Und er meinte:

Komm jetzt, leg dich hin und schlaf! Es wird schon wieder werden. Sie wiederholte still für sich den Satz: Es wird schon wieder werden.

Sie dachte an die Tage, manchmal waren es nur Momente, Blitze, da sie dachte, dass sie alles, alle verlassen und gehen würde, und nie wusste sie genau, was die Tage ihr antaten, die Momente, die Blitze, dass sie wieder davon abkam, sich auch nur die Schuhe anzuziehen für diese Gedanken, oder sich in Gedanken die Schuhe anzog, um zu gehen.

Frühjahr 2007

Ein Morgen im Mai, und ich denke, es ist November,
und Nebel im Denken ist das Wahrzeichen dieses Morgens
im Mai!
Ich grüße Dich durch die Hülle, die sich langsam lichtet,
hier und jetzt am Löwenzahn die Sonne!
Bis bald und mehr
Julia

Liebste Julia,
Du, Deine geliebte Stimme! Ich danke Dir für Deinen
schönen, nebulös melancholischen, berührenden Brief.
Lino

Liebste,
weißt Du übrigens, dass auch Kleopatra eine wundersame, erotische Stimme gehabt haben muss? Das schreibt wenigstens Plutarch: »Ein Vergnügen war es auch, dem Klang ihrer Stimme zu lauschen. Sie wusste ihre Zunge wie ein vielstimmiges Instrument mit Leichtigkeit in jede ihr beliebende Sprache zu fügen …« Ja, wenn Schönheit und Stimme übereinstimmen, dann fühlt man sich auf starken Ruderbooten den Nil aufwärts getragen oder sicher durchs Rauschen der Bäche geführt, auch bei Nacht.
Ich wünsche Dir einen wunderschönen guten Morgen und
Tag
Lino

Sommer 2007

Liebe Julia,
das war ganz komisch gestern: Ich erwachte über Gedonner und da war ein Feuerwerk in Gang, ich trat ans Fenster und freute mich kindlich an diesen Kussmündern in den Wolken und musste die ganze Zeit an Dich denken. Und kaum war's vorbei, da goss der da oben seine Teewasserkübel aus und feuerwerkte mit seinen Blitzen nach unten. Mein Magen tut im Moment ganz anständig. Und bei Dir?
Lino

Ich hab tief und fest geschlafen und tief und fest geträumt, und auch hier war abends ein Feuerwerk am Knallen, aber das hat mich nicht ans Fenster gezogen! Ich war mit Dir und meinem Herz beschäftigt. Mit Fug und Recht kann ich behaupten, dass auch da ein Feuerwerk abging!
Julia

An der Gewohnheit, sich täglich Briefe zu schreiben, daran hatte sich nichts geändert. Das Sehen, das Zusammensein, Abschied und Trennung, das Sich-wieder-Sehen und Wieder-zusammen-Sein, das Sich-wieder-Verabschieden und Sich-wieder-Trennen, das alles wollte nicht zur Gewohnheit werden. Bei jeder Trennung setzten sie sich wieder neue Ziele: gemeinsame Tage, Wanderungen, kurze Reisen, die ihnen jeweils wie Leuchttürme bis ins nächste Wiedersehen schienen.

Lieber Lino,
entstanden zwischen Abend und Morgen, entstanden zwischen kleinen Sandwirbeln und Herzströmchen, ent-

standen zwischen Himmel- und Meerblicken, entstanden zwischen Norden und Süden, im vergänglichen, im aufsteigenden Licht: Jeden Tag die Wiederkehr der gleichen Sehnsucht erleben, zu Dir zu fliegen, was dem Wort gelingt, sollte doch auch mir gelingen, aber ich streifte diesen Himmel doch nur wie ein leichter Wind.
Als ich gestern wieder in Deinen Briefen las, war diese Zeit, als wäre inzwischen keine vergangen, ganz da, und noch immer spüre ich dabei genau dieselben Gefühle, die ich damals hatte: Wohin wird sich das denn bewegen? Meine Güte, noch immer ist das eigentlich alles für mich unfassbar! Eine große Bereicherung, trotz aller Schwierigkeiten, die das Geschehen auch begleiteten.
Du, ich umarme Dich, bin bei Dir, und weißt Du was: Ich habe für Dich eine tüchtige Portion Polenta und Wildschweinragout ins Gefrierfach gelegt, die ich Dir nächstes Mal mitbringe, und beim Essen werde ich Dir dann zuschauen!
Julia

Blieben sie in der Stadt, suchten sie am Morgen immer ein Café auf, beobachteten Ehepaare, die eine Stunde lang sich entweder anschwiegen oder deren gegenseitiger, sichtbarer Überdruss nicht mal mehr ein Keifen hervorrief, sondern nur noch das mit einem kleinen Löffelchen heftige Rühren im Kaffee, als hätte auf dem Grund der Tasse die Essenz ihrer verlorenen Leidenschaft gelegen, die es wenigstens da im Getränk noch einmal aufzuwirbeln galt.

Ist das Gewohnheit?, fragten sie sich hinterher, als sie durch die Stadt zurück zur Wohnung flanierten.

Trotzdem wuchs in ihr gerade nach diesen Besichtigungen das Verständnis für die tägliche Allmacht der Gewohnheiten wieder, aber das sagte sie nicht laut.

Auf dem Heimweg, zurück in ihre »Normalität«, saßen neben ihr im Zug ein alter Mann und seine gebrechliche Frau. Das immer wieder fröhliche und unbeschwerte Lachen schien bei ihnen eine Selbstverständlichkeit zu sein. Die Hände der Frau zitterten, und sie hatte große Mühe, den Trinkbecher selber an den Mund zu führen, und so hielt er ihr die eine Hand unter das Kinn und mit der anderen den Becher an den Mund.

Sie sah zwei alte Menschen, die würdig miteinander umgingen. Warum nicht einer möglicherweise auch einmal untreuen Frau den Becher an den Mund halten? Warum nicht als Betrüger das tun, was dem Betrogenen guttut? Ging das Paar vielleicht sogar fremd? Machten sie ihren ersten Ausflug ins Land, wo die Zitronen blühn?

Berührt von dem, was sie sah, schaute sie immer wieder zu ihnen hin, dann aus dem Fenster. War es überhaupt ein Fenster oder nur das Gläserne der letzten Monate, Jahre? Oder war es eine Geschichte, ihre Geschichte, in die sie hineinsehen musste im Rausch dieser kleinen, anmutigen Begegnung?

Sie hätte die beiden gerne zu ihrem Leben befragt, aber das hätte bedeutet, mit ihnen an den Anfang ihres gemeinsamen Lebens zu fahren oder an den Anfang des Lebens überhaupt.

Wie im Theater sah sie während ihrer Bahnfahrten diese Eheleben von immer wieder anderen Menschen gespielt: packend, verstörend, lächerlich.

Sie sah die Lichter ihres Dorfs, den Ort, den sie auch ihre Heimat nannte.

Ich sah heute lauter Spiegel, sagte sie, als sie ausstieg, zu ihrem Mann, der sie auf dem Perron erwartete.

Lieber Lino,
lange und tief geschlafen, und trotzdem bin ich noch lahm
wie eine Ente und die Worte schlafen noch tief in mir!
So gut hat das getan, fein zu schlafen! Und in fünf Tagen
sehen wir uns wieder und sprechen dann weiter!
Große Umarmung Dir
Julia

Sie betrachtete manchmal ihre Agenda wie einen überfüllten Koffer. Aber kaum war sie in der Fremde angekommen, vermisste sie ausgerechnet jene Kleidungsstücke, jene Schuhe, die sie vor der Reise als nutzlose Stücke aus dem Koffer wieder entfernt hatte.

Sie versuchte es gar nicht, mit dem Terminkalender das Gleiche zu tun, das gleiche Vermissen zu erzeugen.

Ich stelle mir das streng vor, sagte eine ihr vertraute Person einmal ganz lakonisch zu ihr.

Ja schon, sagte sie. Und kaum hatte sie das ausgesprochen, mäanderten ihre Gefühle in alle Richtungen, über alle Schönheiten, in alle Erlebnisse, in alle Widerstände hinein wie eigenwillige Flüsse auf der Suche nach einem eigenen Verlauf. Der Gefahr des Austrocknens war sie sich bewusst, stellte ihr aber die Erfahrung aller entdeckten Seltenheiten, die ihr auf diesem Weg widerfuhren, gegenüber.

Herbst 2008

Reise

Lieber Lino,
ach Du, ich hätte diesen einen, flauschigen Morgenmantel wirklich nicht in der Stadt lassen sollen, nur schon deshalb nicht, weil er so sehr mit Deinem Fußstreicheln verbunden ist! Aber weißt Du noch: Mein Koffer war damals pumpenvoll, das wird mir jetzt nicht passieren! Nehme nur Kleider mit, die ich auch dort entsorge! Ich komme ja mindestens in zwei, wenn nicht gar drei Jahreszeiten hinein! Zumindest habe ich das von meinen Freunden so gehört: Plötzlich schneie es da, um dann drei Tage später wieder warm zu sein! Ich denke langsam an den Koffer, ans Packen, an den Flug, an die Ankunft, an die Wohnung: An *Dich* denke ich dabei am meisten, es ist ein so wunderbares Gefühl, dass Du mich dort besuchen kommst und wir wieder einmal von einem Wir sprechen können! Und falls es uns dann außerordentlich gut gefällt, wandern wir aus …
Julia

Sie wollte sich eine längere Auszeit nehmen und ihre Geschichte niederschreiben. Für niemanden, nur für sich selber.

Ein glücklicher Zufall ermöglichte es ihr, für ein paar Wochen den Loft eines befreundeten Paares in der Stadt, die niemals schläft, zu bewohnen, das seine angestammte Heimat besuchen wollte. Sie kannte diese Metropole nur vom Hörensagen, nur von der Begeisterung derer, die schon öfter dort gewesen waren und die sie als die beste und meistpulsierende Stadt zu bezeichnen pflegten. Brauchte sie für ihr Vorhaben eine unruhige Stadt?, fragte sie sich, als sie sich zu entscheiden hatte. Es schien ihr ein Versprechen von Leben und Rückzug zu sein, auch wenn sie sich hie und da bei leisen Bedenken ertappte, ob sie dem gewachsen sei. Bevor sie ihre Reise antrat, durchdachte sie alle möglichen Szenarien, wie sich ihr Vorhaben mit der großen Neugier auf die Metropole auch gestalten ließe. Am Morgen wollte sie zu Fuß die Stadt erkunden, durch die Parks schlendern, dem Leben und Treiben zusehen, am Nachmittag dann schreiben.

Als sie den Loft zum ersten Mal betrat, ahnte sie, dass auch der sie herausfordern würde wie eine Ehe, wie eine Liebschaft: Es gefiel ihr und verstörte sie zugleich. Im Alleinsein ungeübt, nur mit den Wänden, den Fenstern, der kargen Einrichtung und dem Laptop zu kommunizieren, das war eine ganz neue Herausforderung. Sie setzte sich an die großen Fenster, sah oben am blauen Himmel Flugzeuge kreisen und unten auf den Straßen Menschen und Autos, klein wie Ameisen.

Ich bin angekommen!,

schrieb sie ihm.

Ich freue mich auf Dich!,

schrieb er zurück.

Sie erwartete ihn nach Tagen, an denen sich ihr Vorhaben bereits in gute Gewohnheit verwandelt hatte, in dem Café, das sie schon als »ihr Café« bezeichnete und das auch fortan regelmäßig von ihnen am Morgen aufgesucht wurde. Ein kleines, gemütliches Lokal, wo der Kellner sie begrüßte mit einem freundlichen Oh, nice to see you!

Nach ausgiebigen Morgenspaziergängen, mal am einen, mal am anderen großen Fluss oder zwischen Häuserschluchten hinunter ans Meer, wo in der Ferne die Umrisse der Freiheitsstatue im Morgendunst sichtbar wurden, die an klaren Tagen leuchtete wie das Versprechen, im goldenen Land zu sein, setzten sie sich an den großen Tisch, dessen beide Enden fast einen weiteren Spaziergang von ihnen verlangten, wollten sie sich nahekommen.

Sie öffneten ihre Laptops und schrieben mit kleinen Unterbrüchen bis in den frühen Abend hinein.

Manchmal schrieb sie ihm nach zwei, drei stillen Stunden eine kleine E-Mail ans andere Ende des Tischs, als wäre ein Meer dazwischen:

Hallo, wie geht's Dir am anderen Ende dieser Welt?

Und er schrieb zurück:

Ich bin glücklich, bei Dir zu sein!

Oder sie beobachtete ihn. Über den Laptop geneigt und vertieft in seine Arbeit, war er für die Wellen ihrer Zärtlichkeit nicht immer erreichbar, und so konzentrierte sie sich wieder auf ihre Geschichte, die auch die seine war. Zwischendurch las sie in einem Buch oder schaute lange aus dem Fenster und sah, wie sich die Lichtverhältnisse veränderten, ebenso die Wolkengebilde am Himmel, die ihr manchmal wie lebende, farbige Riesenquallen schienen.

Ach du, es ist nur ein Versuch, du weißt ja, dass ich hie und da kleine Texte schreibe, antwortete sie ihm auf seine Frage nach ihrem Schreiben. Ein Übungsfeld, mehr ist das nicht und nicht für die Welt. Sie sah seine gerunzelte Stirn und überließ es ihm ohne weitere Worte, diese dann wieder zu glätten. Kam er in ihre Nähe, um ihr über die Schulter zu schauen, drückte sie sofort auf das rote kleine Kreuz oben am Laptop, drehte sich zu ihm um und strich ihm mit der Hand über den Bauch und das anschwellende Glied, und dann liebten sie sich auf dem alten Holzboden.

Und doch!

Dass sein Schreiben ihm mehr abverlangte als ihr eigener Versuch, schuf ein Irrlichtern zwischen ihnen, das zwar im Lieben aufgelöst war, dann aber wieder in ihre unterschiedlichsten Ziele hineinflunkerte wie ein störender Wackelkontakt.

Nur leise erst und dann wie das Rauschen eines aus dem Nichts kommenden Winds.

Draußen im Park wirbelten die ersten Herbstblätter durch die Luft, um auf dem Asphalt zu landen, so, als ob auch sie plötzlich überrascht und gezwungen worden wären, sich von ihren Ästen zu trennen. Sie zog ihren Mantel an, verließ die Wohnung mit einem kurzen Ciao. Unten im gegenüberliegenden Park betrachtete sie die Grauhörnchen, an die sie sich besser und mehr gewöhnt hatte als an ihren Tisch im Loft, dachte liebevoll und irritiert an ihren Kauz da oben, und einmal glaubte sie, ihn am Fenster stehen zu sehen.

Seit drei Tagen hatten sie sich kaum berührt. Nicht am Tag, nicht in der Nacht, morgens nicht und abends auch nicht. Ein einziger Tag: nicht weiter schlimm. Der zweite Tag: ein Zurechtlegen der Fragen. Den ganzen Tag sich selber fragend und gegen Abend auch ihn fragend, die große Neuigkeit hinterfragend und vorderfragend, kreisend, rotierend, dabei die alte Nähe spürend, um sie auf dem Heimweg zwischen den Häuserschluchten, zwischen all den Erbschrägen wieder zu vergessen.

Nicht weiter schlimm und doch ganz neu und verwirrend. Der Beginn des Wissens um den ewig gleichen Verlauf.

Sie waren am Morgen an dem Café vorbeigekommen, in dem sie täglich frühstückten. Das Café war leer geräumt und ein weißer Zettel hing an der Tür:

Sorry, we're closed

Der Abend

Der folgende Morgen

Wie zertrümmert erwachte sie, hörte das Rauschen des Straßenverkehrs und dass doch alles immer weiterging, sich weiterbewegte, irgendwohin, dorthin, wo man nicht mehr hinsehen konnte. Sie legte ihre Hand auf einen Körper, von dem nur mehr seine zurückgelassene Wärme im Bett lag. Nur sein Geruch, seine Form, eine kleine Kuhle auch im Kissen, als hätte dieses Kissen noch keine Zeit gehabt, sich seiner gewöhnlichen Fülle zu erinnern.

Sie stand auf.

Setzte sich zu ihm an den kleinen Tisch, wo er einen Tee trank, sagte nichts Ungewöhnliches und fragte nichts, jedenfalls nichts, was den ersten, den zweiten, den dritten Tag betraf. Und später saßen sie im Bus, spazierten im Park, saßen sich im Café gegenüber, ohne *davon* zu sprechen.

Das übliche Dunkel wuchs in ihren Augen, denen sie keine weitere Regung als nur dieses eigenartige Dunkel gestattete. Sie schluckte, als hätte sie den Mund voll Wasser. Sie wusste, dass es vorbei war! So was sagt man nicht laut, dachte sie.

Sorry, we're closed

Sie liegen im Bett. Seine Hand, seine Finger an ihrer Scham. Erregt und feucht und kurz vor ihrem Orgasmus hört sie das leise Schnarchen in seinem Atem, spürt sie die erlahmte Hand.

Ich kenne dich nicht wirklich, sagte sie am Morgen zu ihm. Wie aus dem Nichts oder aus dem gerade verlassenen Schlaf heraus sagte sie zu ihm diesen Satz: Ich kenne dich nicht wirklich.

Manchmal sagte sie das jetzt sogar in der Nacht zu ihm, wenn er schlief, und er reagierte aus dem Schlaf heraus, ohne dass er etwas verstanden hätte, mit Zärtlichkeiten, mit Küssen, mit Umarmungen.

Aber musste sie mehr von ihm wissen als das bei jedem Menschen Gegebene, das Natürlichste, das Harmloseste?

Sorry, we're closed

Vor ihrer Abreise hatte sie Kontakt mit einer alten Schulfreundin aufgenommen, die in den Staaten wohnte. Sie hatte sie schon mehrmals eingeladen, sie doch einmal zu besuchen, wenn sie mal nach »drüben« käme. Dieses »drüben« belustigte sie immer, als ob es sich ungefähr um zwei zu überwindende Gartenzäune mit einem Biotop dazwischen gehandelt hätte. Bald flog sie ja »hinüber«, und so buchte sie auch noch diesen Flug. Nur ungefähr zwei Flugstunden, schrieb die Freundin. Sie brauchte ja zu Hause nicht länger, wenn sie ihre morgendliche Wanderroute unter die Füße nahm, und so stellte sie sich auf diesen Flug wie auf einen Spaziergang ein und hatte nicht einmal die gleichen Beschwerden zu befürchten.

Er begleitete sie auf den Flughafen. Das Wetter war trüb und windig, es regnete. Crazy, shit, sagte der Taxifahrer eins ums andere Mal, weil ihm der auf die Windschutzscheibe peitschende Regen jede Sicht verwehrte und der Scheibenwischer sich wie ein Ertrinkender durch diesen Schwall pflügte, um sogleich von einem neuen überschwemmt zu werden.

Die seltsamen Tage wie weggewischt, konnten sie sich beim Abschied kaum aus der Umarmung lösen. Auf der Rolltreppe, die ins Untergeschoss fuhr, schaute sie zurück, bis sie ihn nicht mehr sehen konnte. Unten im Gedränge der Reisenden angelangt, suchte sie nach ihrem Gate.

Selbstgespräch

Sitze viel zu früh am Flughafen. Flug erst in drei Stunden. Flug verschoben. Flug erst in vier Stunden. Trostlos! Alles ist trostlos! Ich weiß noch nicht, wie es sein wird, wenn die Trostlosigkeit mich ganz erfasst. Jede kleinste Faser von mir und alles, wo ich wohnte im letzten ganzen Jahr. Im Blut, im Kreislauf, auf Nervenbahnen, auf den Knochengestellen, in den Weichteilen, Hirn, Herz, Därme, überall! Es wird wehtun, schmerzlich wird es sein. Ja!
Etwas hat sich verändert, aber ich kenne dieses Etwas noch nicht. Spüre nur plötzlich eine Lust auch auf andere Menschen wieder. Zum Beispiel wünschte ich mir die vertraute E. B. hier. Sie war auch lange fremd an einem Ort, den ich als meinen Ort bezeichne. Nun bin ich fremd an einem Ort, und sie wüsste, wie das ist: sich in der Fremde fremd zu fühlen.
Ich wünschte mir, mit ihr durch die Straßen zu laufen, zu lachen. Ich wünsche mir, dich hier für immer zu vergessen.

Wir teilen ja das Bett, du und ich. Wir teilen vieles, von dem wir noch nicht genug wissen. Wir teilen es einfach in einer seltsamen Vorläufigkeit, für die keine Sprache zuständig zu sein scheint, sondern nur ein ängstliches Gefühl, das ich unter einer Zuversicht verstecke, die eine sehr dünne Wand hat heute, am Flughafen inmitten reisewütiger Menschen fremder Sprache.
Ich kenne dich nicht!
Das geht mir schon seit hundertfünfzig und mehr Tagen durch den Kopf. Bald hat es dort keinen Platz mehr für anderes, was ich auch denken sollte. Zum ersten Mal seit letztem Frühjahr fliegen meine Gedanken ein wenig tiefer. So, als ob sie nur noch ein paar Schlaufen drehen müssten in der Luft, um dann am Boden aufzusetzen. Ich stelle mir dieses Aufsetzen ziemlich hart vor, ein Durchschütteln auch, und ich bin die Letzte, die dann in die Hände klatscht, so, als ob man noch einmal davongekommen wäre ... als ob man gut gelandet wäre.
Ich denke an diesem verdammten Flughafen nichts anderes als: Du wirst ihn nie kennen, nie genug kennen. Wäre das Genug denn nicht auch bereits wieder der Vorläufer für die Gleichgültigkeit, für die ersten Zeichen, sich klammheimlich durch vorgespielten Schlaf dem Sex zum Beispiel zu entziehen. So fängt es doch immer an: mit einer Papierrolle neben dem Bett. Und wüsste man nicht, wie Spermien riechen, vermutete man im Abfallkübel Fischreste.
Einmal, vor langen Jahren und in einer Beziehung lebend, sah sie eines Tages die Papierrolle neben dem Bett liegen.
Sie sagte: Du hast doch nicht etwa?
Doch, doch!, sagte er.
Zuerst war die Rolle am Ende und bald darauf auch die Beziehung.
Vor mir an einem Tisch isst ein sehr dicker Mensch eine Riesenportion Pommes frites, tunkt sie einzeln in den

Ketchup, isst dazu Fischstäbchen, und ich frage mich, wie sich der Beischlaf mit ihm gestalten würde. Ständig leckt er seine Finger, als lägen auf ihnen noch die letzten feuchten Spuren einer erregten Vagina. An seinen Mundwinkeln glänzt Fett. Er schaut immer wieder zur Flugtafel hoch, als hätte er Angst, seine Pommes frites nicht mehr zu Ende essen zu können, trinkt Cola und rülpst halblaut, aber laut genug, dass ich mir keine Vorstellungen mehr machen will. Die Zeit vergeht dabei, aber nur so, wie sie geht, wenn man darauf wartet, dass sie möglichst schnell vergeht.
Neben mir sitzt ein Kind. Tidy genannt, gerufen von den Eltern. Es bleibt immer nur fünf Sekunden auf dem Sitz, dann rennt es fünf Minuten herum, während es von seinen Eltern immer Tidy, Tidy, Tidy gerufen wird und dann gehorsam wieder auf den Sitz neben mir zurückkommt, um gleich wieder loszuspringen. Ich werde Tidy nicht mehr vergessen, ihr ungestümes Leben nicht, nicht die mir wohltuende Ablenkung in der Wartehalle. Tidy war nach mir an den Flughafen gekommen und flog vor mir weg. Wohin, das weiß ich nicht. Ich suche ein anderes Kind, um es zu beobachten, aber es ist keines mehr da. Doch, doch, es sind viele Kinder da, aber alle wie tot auf ihren Sesseln, auf ein Gerät starrend, als sähen sie da den Himmel, die Ewigkeit, tausend Engel mit denselben Geräten in der Hand.
Kurz bin ich versucht, wieder umzukehren, den Flug zu verpassen, das Flughafengebäude zu verlassen, überhaupt, jetzt alles zu verpassen, was mit dieser Trostlosigkeit einhergeht, um irgendwohin zu verschwinden, wo dieses Wort überhaupt nicht existiert.
Der Flug wird ausgerufen. Sie stellt sich in die Reihe, setzt sich an ihren Platz, und als sie aus dem Flugzeug steigt, schlägt ihr warme Luft entgegen. Nicht eine einzige Wolke am blauen Himmel!

Das sind ja wunderbare Nachrichten: In dieser faszinierenden Stadt werden Sie Monate verbringen, da läuft mir das Wasser im Mund zusammen. Ich war da auch mal für Monate an einer Sprachschule, allerdings war es für mich vielmehr eine Stadtschule, bei der die Sprache etwas beiseite blieb. Ich wollte unbedingt das Untergrundsystem begreifen, um mehr in Konzerten und Theatern sein zu können, und so blieb eben das Lernen immer eine Option für verregnete Tage. Es hat aber dort die ganze Zeit nicht geregnet, aber das ist schon Jahre her, und letztes Jahr war ich dort für einen Monat an einem »Wiederholungskurs«, und es hat nur geregnet, jeden Tag nur Regen, und ich saß nur immer hinter den Büchern, und doch merke ich jetzt, dass ich trotz der Wiederholung bereits alles wieder vergessen habe ...

Liebe Julia,
habe es heute wieder gedacht, was bin ich nur für ein verbockter Verstandesmensch. Und wie langsam komme ich daher erst hinter die tieferen Gefühlsdinge. Wie eine riesige Galapagos-Schildkröte, alles in Zeitlupe gedacht und bewegt und geschrieben. Dabei ist mein Temperament im Moment eher auf Ungeduld gestellt. Wenn ich zwei Seiten an einem Essay schreibe, dann sagt die innere Stimme, das ist aber doch sehr wenig. Als ob man einfach in ein paar Stunden die Sache hinknallen und schon zum Nächsten übergehen, das nächste Projekt anpacken könnte. Dafür sehe ich in dieser Langsamkeit viele Dinge sehr viel genauer.
Ich habe heute auch dran gedacht, was das für eine lebendige Beziehung mit Dir ist. Wie mein Geist durch Dich

bereichert, ideenreich daherkommt. Eigentlich möchte ich nicht schnöden, sondern nur nahe bei Dir sitzen, mit Dir zusammen in den Morgen schauen, was sich da alles tut – das war immer so wunderbar in NY, dieses In-den-Morgenhimmel-Schauen – und über die Dinge, die darin verborgen sein mögen, zu sinnieren.
Lino

Sie würde Pendlerin bleiben. Immer! Von hier nach dort. Von irgendwo nach nirgendwo oder umgekehrt. Der Mensch auch bleiben, der immer irgendwo unterwegs ständig die Situationen zusammenzusetzen versucht wie ein Puzzle, dessen im Grunde genommen gleiche Teile jedes Mal ein anderes Bild ergeben. Sie konnte es manchmal nicht fassen, wie das möglich war, versuchte dann aber, sich Glasscherben vorzustellen, die ihr durchaus jedes neue Mal beim Zusammensetzen eine andere Version von Glück zeigen konnten. Aber hatte sie denn je etwas anderes getan in ihrem Leben, als die Dinge irgendwie zueinanderzubringen, ineinanderzufügen? Das hatte sie doch schon als Kind getan, wenn sie die um sie wehenden Stimmungen, Spannungen, Spitzfindigkeiten spürte wie einen Schmerz aus der Luft und sie dabei kaum mehr atmen konnte, nicht annähernd imstande war, einzuordnen, was sich gerade vor ihren Augen abspielte. Und immer begleitet von diesem Gefühl, dass alles auseinanderbrechen wird, selbst um ihre Puppenstube hatte sie Angst, in der sie ihre kindlichen Vorstellungen von einem schönen, friedlichen Zusammenleben mit den kleinen ihr zur Verfügung stehenden Holzfigürchen zu verwirklichen suchte. Sie hatte doch auch ihre Träume immer mit der Wirklichkeit zusammenzubringen versucht oder zumindest zu verhindern versucht, der Wirklichkeit jeden Traum zu nehmen. Sie hatte doch versucht, um sich und um die

Menschen, mit denen sie lebte, einen Rahmen zu zimmern, etwas zusammenzuhalten, das ihr würdig und kompakt schien, das es auch war. Sie hatte so viel versucht, dass es nur noch anstrengend wirkte. Jetzt versuchte sie nur noch die eine Würde mit der anderen Würde in Einklang zu bringen, so wie man die Nacht mit der Dunkelheit in einen würdigen Einklang bringt.

Geschah ihr die Geschichte deshalb, noch einmal, wieder, wiederholt, um eine Ordnung herzustellen, die herzustellen unmöglich war? Was hätten ihre Eltern gesagt, wenn sie sich als Kind, mit leicht gebeugtem Kopf, vor sie hingestellt hätte, um zu sagen, was sie spürte? Beklemmung. Spannungen. Halbwahrheiten. Es gab die Worte dafür noch nicht. Vielleicht hätte sie ihre Hände zusammengeführt. Das kann ein Kind. Aber womöglich wäre ihnen das Nicht-mehr-Zueinanderfinden das Liebste, vielleicht ein Geständnis von Liebe gewesen und hätte die Eltern erlöst von den wiederholenden Absichten, Zwängen, alles immer zusammenhalten zu wollen. Das Lieben in jeder seiner Einzigartigkeiten zu leben, ohne jede Schuld.

Unmöglich, es getan zu haben. Aber möglich, das durch Erinnerung zu tun. Immer wieder mit der Erinnerung die Gegenwart streifen. Es gibt so viele Möglichkeiten der Berührung. Und hätten vielleicht einmal auch fremde Hände sie berührt, geliebt, so hätten sie es auch bei sich tun können.

Durchs Bahnfenster sah sie auf den höchsten Spitzen der Berge den ersten Schnee in diesem Jahr. Wäre der Berg niedriger gewesen, hätte ihn der Schnee noch nicht erfasst, dachte sie, oder erst später, eben zur richtigen Zeit oder was wir mit der richtigen Zeit meinen. Aber welche Zeit ist schon richtig für das Fallen ganz unerwarteter Dinge.

Es war erst Ende September, und schon lag da oben der erste Schnee. Kaum zu fassen, wie schnell die Zeit vergangen war, seit den ersten Briefen, seit ihrem ersten Sehen!

Winter 2009

Zu Hause schaute sie immer wieder die Fotos von den See-, Fluss- und Moorlandschaften an, von den farbigen Wäldern, durch die das stählerne Blau des Himmels drang, die Fliegenpilze, die als einsames Grüppchen an einer Lichtung standen. Und Bild um Bild wurde zu einem einzigen Gemälde, zu einer Wasser- und Seelenlandschaft. Nur auf einem Bild waren sie beide zu sehen, zusammen auf einer Brücke stehend und ins Wasser hinunterschauend. Aber nur als zwei lange Schatten wurden ihre Körper und das Brückengeländer übers Wasser geflutet. Glasklar! Erkennbar auch ihre Hände, die, verflochten mit den farbigen Kieseln auf dem Grund des klaren Wassers, zu spielen schienen. Sie hätte die beiden Schatten immer erkennen können, auch wenn sie nicht von ihr selber aufgenommen worden wären. Ihre Haltungen, ihre Köpfe, die Arme, die Hände.

Sie versuchen es! Ungleiche Dinge zu einem Ganzen verbinden. Sie versuchen es. Sie alle. Sie versuchen es.

Alles versuchen sie.

Sie erwähnte an dem Tag ihrem Mann gegenüber ganz leichthin das vereinbarte Treffen mit ihrem Geliebten, verabschiedete sich wie immer, leicht zerstreut oder verträumt, aber nicht unglücklich und stieg auf ihr Fahrrad, fuhr nicht wie üblich zum Bahnhof, sondern auf Umwegen zur hohen Brücke. Als sie tief unten in der Schlucht unter einer Eisschicht das Wasser glitzern sah und auch glaubte, sie höre sein frostiges Gurgeln, erfasste sie, wie das zeitlebens alle Gewässer vermochten, eine wilde, kindliche Zärtlichkeit!

Sie setzte sich wieder aufs Rad, fuhr zum Bahnhof und stieg in den Zug, der in die entgegengesetzte Richtung ihres geplanten Ziels fuhr.

Verwendetet Zitate

Hannah Arendt, Brief an Heinrich Blücher, in: *Hannah Arendt / Heinrich Blücher. Briefe 1936–1968.* Herausgegeben und mit einer Einführung von Lotte Köhler. München / Zürich 1996.

Albert Ostermaier: *Die Liebende,* Berlin 2012.

Sören Kierkegaard: »Die Wiederholung«, in: *Die Krankheit zum Tode / Furcht und Zittern / Die Wiederholung / Der Begriff der Angst.* Unter Mitwirkung von Niels Thulstrup und der Kopenhagener Kierkegaard-Gesellschaft herausgegeben von Hermann Diem und Walter Rest. Aus dem Dänischen von Walter Rest u. a. München 2005.

Thomas Bernhard: *Werke. Band 1: Frost.* Herausgegeben von Martin Huber und Wendelin Schmidt-Dengler. Frankfurt am Main 2003.

Richard Ford: *Kanada.* Roman. Aus dem amerikanischen Englisch von Frank Heibert. Berlin 2012.

Foto: Helen Baur-Rigendinger

Lisa Elsässer, geboren 1951 im Kanton Uri, schreibt Lyrik und Prosa. Diverse Ausbildungen, u.a. als Bibliothekarin und Buchhändlerin. Von 2005 bis 2008 Studium am Deutschen Literaturinstitut in Leipzig; heute lebt sie in Walenstadt. Elsässer wurde für ihr literarisches Schaffen mehrfach ausgezeichnet. 2014 Stipendiatin der Pro Helvetia am Deutschen Haus in New York; 2015 Stipendium der Landis & Gyr Stiftung für einen Aufenthalt in Berlin. Zuletzt erschienen: *Die Finten der Liebe* (Erzählungen, 2011), *Da war doch was* (Gedichte, 2013) und *Feuer ist eine seltsame Sache* (Erzählungen, 2013).

Lisa Elsässer

Fremd gehen